Los sicarios
El día que matamos a Dios

Marcos Barraza Urquidi

Editorial Los Bárbaros del Norte
Losbarbarosdelnorte@gmail.com
1 Edición
Todos los derechos reservados
Registro en Indautor 2012 oct 3

Índice

Prólogo

Uno de los problemas graves de la ciudad era la falta de guarderías, así que haciendo mil malabares construí una guardería con capacidad para 300 niños.

La guardería la atendía personal especializado, por lo que mi función se limitaba a ir los viernes a pagar la nómina y a proveedores.

Ahí me empezaron a aparecer focos rojos que me indicaban que Juárez no era el paraíso. Un día nos llegó un niño de 9 meses con la piel pegada a los huesos y con los ojos hundidos, lo llevamos de inmediato al médico, quien de inmediato ordenó estudios de laboratorio. En ellos, no apareció ningún índice anormal. El niño ingresó y después de un mes de asistir a la guardería sus ojos dejaron de estar hundidos y sus mejillas tenían color, me reuní con la enfermera, a la directora y a la trabajadora social para que me explicaran que había pasado con este niño.

La respuesta fue clara y contundente: ¡Inge!, no le daban de comer. Aquí un izquierdoso haría un panegírico de la pobreza, del gobierno, del sistema neoliberal, de los malvados ricos que acaparan todo.

En el expediente aparecían los dos padres con trabajo, la trabajadora social empezó con su rollo de los pobrecitos, así que terminé la junta con una frase que dejó boquiabiertos a mis compañeros, ¡estos no son pobres, son unos hijos de la chingada!

En otra ocasión estaba revisando los expedientes y llamó mi atención uno en particular y lo comenté con a la directora.

-Qué casualidad los padres tienen los mismos apellidos-

-No es casualidad Inge, son hermanos- me contestó.

Sentí un escalofrío y más al ver que la madre tenía 13 años.

Dias después, al terminar de pagar la nómina salí y en la sala de espera había un niño, con la cabeza agachada y la mirada triste, no habían venido por él, era tarde y la directora seguía en espera de que la madre llegara.

Tratando de distraer al niño me acerqué a tratar de platicar con él.

-Juanito, llegaste tarde y ahora te vas a ir tarde- tratando de animarlo.

-Veníamos temprano, señor, pero llegó mi tío y se le subió a mi mamá, por eso llegamos tarde- contestó un niño de 4 años.

No es que sea mojigato, o tal vez si lo soy, pero su respuesta me dejó helado.

Lo asocié de inmediato con las oleadas de trabajadores que llegaban de todo el país y que se hacinaban en viviendas improvisadas donde, a veces, una familia vivía en un cuarto. O grupos de trabajadores de ambos sexos compartían una habitación propiciando una promiscuidad increíble.

Esa era la parte que no aparecía en el discurso triunfalista del esquema maquilador, como generador de empleos.

Como consejero de COPARMEX asistí a reuniones con los prohombres del pueblo y funcionarios federales. Entre ellos, había uno en particular que llamaba mi atención por su discurso fuerte contra la federación y su gran capacidad oratoria, describía lo grande que fué Juárez en el tiempo que fué zona libre y traía una cruzada personal para que regresara de nuevo a serlo.

Curiosamente, éste líder multimillonario, había hecho su fortuna vendiendo cerveza. Los trabajadores no tenían que caminar mucho, porque casi en cada esquina había un lugar donde comprar cerveza y no muy lejos un tugurio o *table dance* donde dejar su sueldo.

Éste era el héroe que representaba al pueblo. Un buen día, sentí la necesidad de escribir acerca de ésto y lo envié al diario de mayor circulación de ésta región, para su publicación. Por casualidad, el encargado de "revisar" los textos estaba de vacaciones y lo publicaron tal como lo escribí. De inmediato recibí muchas llamadas de mis amigos muy alarmados ¿Qué no sabes quien es Freddy? ¿Comes balas o qué? ¡Te pasaste bato!

Dos días después me habló un amigo mutuo pidiéndome una lista de los productos que fabricaba para distribuirlas en las tiendas de Freddy, me disculpé aduciendo que no teníamos capacidad de producción para surtirlas. Me pareció muy agresivo decirle que vendía productos de plástico, no convicciones.

Al despedirse me dio un consejo, "No pongas nombres en tus artículos, todos sabemos a quien te refieres, pero ellos no se sienten aludidos".

La gente originaria de Juárez siempre se caracterizó por ser alegre y hospitalaria, por lo que ante las crisis de empleo, pronto tuvo un incremento poblacional extraordinario. Llegaba mucha gente de toda la república, había trabajo en abundancia y mejores salarios que en su comunidad original.

Solamente las cantinas y burdeles crecían al parejo de la población, la enorme masa de salarios eran captados por los zares del vicio, había más prostíbulos que escuelas.

Los directores de maquila, primero se cortan las venas, que aceptar cierto derecho de pernada entre sus directivos, supervisores de línea, gerentes etc. con las jovencitas pueblerinas que venían a buscar una nueva vida en Cd. Juárez.

El número de madres solteras se incrementó en forma exponencial dejando a la abuela al cuidado del chamaco en los mejores casos, ya que en otros era barrio el cuidaba a sus hijos.

Juárez se fue convirtiendo en una ciudad de bastardos, en toda la extensión de la palabra, niños creciendo sin la autoridad paterna que los guiara, sin la presencia de la madre y con una ausencia absoluta de valores.

Al presentarse la lucha por el control de las drogas, Juárez fue yerba seca que ardió de inmediato, en proporciones terribles.

Niños sicarios que mostraban una saña desconocida hasta entonces, en una ocasión me llegó un *e-mail* con una foto donde aparecía un adolescente con una Ak47 en la mano derecha y con la cabeza de un adolescente en otra.

Los diarios reportaban día a día asesinatos con un grado de violencia extrema, decapitados, mutilados, quemados los cadáveres se esparcían por toda la ciudad y los imbéciles políticos solo se atrevían a decir: "Es la guerrita de Calderón".

Hoy Juárez parece recuperarse y todos lo deseamos de corazón, volver a ver el Juárez pujante y hospitalario. Pero como decía Albert Einstein, cuando le pidieron que definiera estupidez contesto: "Estupidez, es hacer lo mismo y esperar resultados diferentes".

Esta población debe revisar su modelo de sociedad porque ahí esta la semilla de los trágicos sucesos que aún vive, no en agentes externos.

Este libro es una recopilación de los artículos que escribí en medio de esa tragedia dantesca.

Marcos Barraza Urquidi

Los Sicarios o el día que matamos a Dios

La calle esta sola y el viento levanta el polvo de las aceras, la gente está en casa temerosa, los negocios cierran y el desempleo cunde por todos lados.

Algunos empresarios se han puesto a salvo en el país vecino, otros emigraron al sur, los demás nos quedamos, quizás como decía el sabio griego: *Cuando la muerte es, tu no eres y cuando tu eres, la muerte no es, ¿por qué preocuparse?.*

Fin de semana: 27 muertos en 24 horas, nuevo récord. Cientos de pequeños empresarios secuestrados, dueños de ferreterías, abarrotes, lavados de autos, consultorios médicos y restauranteros viviendo el infierno de la incertidumbre del mañana; familias enteras sumidas en el dolor mas profundo que se pueda sentir al saber que su ser querido esta en manos criminales.

Los merolicos de los medios exigen seguridad al gobierno, lo mismo la sociedad, y ¿cómo dar seguridad?

¿Habrá de poner un policía por cada habitante para asegurar que nadie delinca?

Y éste policía ¿será seguro o deberemos ponerle también un policía?

Vemos crímenes espectaculares, hombres que son descabezados, destrozados, mutilados y me gustaría hacerle una pregunta a usted sobre estas bestias humanoides que comenten tales crímenes.

¿Qué debe pasar para que un hombre normal se transforme en una bestia como estas?

Quienes han visto a estos sicarios los describen como gente joven de 15 a 25 años.

Todos nos preguntamos ¿dónde esta la autoridad? ¿Por qué no hace nada el presidente?

Y muchas preguntas similares, pero no escuchamos estas preguntas:

¿Dónde estuvo la madre y el padre de estos niños?

¿Dónde estuvieron sus maestros?

¿Dónde estuvieron sus hermanos?

Nadie se acuesta siendo un buen niño y despierta siendo un asesino desalmado. Esta trasformación es un proceso paulatino.

Es tiempo que dejemos de buscar culpables en otro lado y asumamos las consecuencias de tolerar una sociedad que se fue corrompiendo y no hicimos nada por evitarlo.

"Pos" claro no "semos" mochos, ni retrógrados, si los medios hacen su lana promoviendo el sexo. "Pos" si ya "semos" adultos, faltaba mas; si los muchachos se están apareando sin control, "pos" es que "semos" re modernos, open mind bato. ¿Qué? ¿A poco te asustan las madres solteras? ¡Uy, eres de la vela perpetua!

Muchas mujeres, coleccionan hijos de diferentes padres y tantos otros muchachos presumen y compiten por ver quién embaraza a más muchachas.

Mujeres abandonadas tienen que recurrir a la prostitución para mantener a sus crías, hijos que crecen con la vergüenza del abandono de sus padres y en ocasiones hasta de sus madres.

Mujeres que trabajan y dejan abandonados a sus hijos, inermes a las bajas pasiones de sus vecinos o de sus mismos familiares, padres irresponsables, niños que crecen acumulando odio y desprecio por la sociedad.

Nos burlamos de la decencia y el decoro, sacamos a Dios de nuestra escuela, de nuestra casa, de nuestra vida; eliminamos el policía interno que le llamaban conciencia y hoy todo se puede, entre más depravado, más *inn.*

El Instituto Municipal de Seguridad Pública de Cd.Juárez entrevistó a cientos de delincuentes jóvenes, ladrones, asesinos, violadores y narcotraficantes, casi la totalidad de ellos venían de hogares disfuncionales y buscaban en las pandillas la aceptación que no tenían en su hogar. Las pandillas los obligaban en un principio a delinquir, después le tomaban gusto a la adrenalina y al sentimiento de poder que da el acto de dominar a otro.

Es cierto que estamos ante un vacío de autoridad. ¡Señores¡ debo de decirles que la autoridad nace en el hogar. Sí, aunque se rían, la autoridad reside en los padres y la conducta de autoridad que deben tomar está en la moral, en esa palabra tan vituperada y ridiculizada, en la moral señores.

En la moral, en ese compendio de buenas costumbres que la humanidad ha ido acumulando en siglos de vida, que en la actualidad tiramos al caño porque "semos" modernos. Hoy el grito de la juventud es *"A coger y a cagar que el mundo se va a acabar"* y los padres se quedan impávidos e inmóviles, *"no sea espantado compadre, son los nuevos tiempos".*

La única solución a este grave problema que hoy tenemos es regresar a ese compendio de buenas conductas, a los valores universales, a la responsabilidad, al control de nuestros hijos, a exigir a los medios que dejen de pasar mierda por televisión, y dejen de excitar a nuestros hijos.

Porque, si seguimos permitiendo madres solteras, tendremos que soportar las consecuencias de esos hijos de puta.

La ideología de la Muerte

Cada uno de nuestros actos, responde a una idea, explícita o implícita, nueva o antigua, anidada en el consciente o el inconsciente, pero siempre estará detrás de nuestros actos una idea. Los países avanzan o retroceden por ideas y las sociedades se forman y fragmentan por ideas; hay ideas dominantes, ideas tabú, ideas torcidas, ideas falsas, pero todas generando conductas.

Las ideas buenas o malas modifican la conducta de las masas, por esto sería interesante preguntarnos: estas conductas perversas que vemos a diario, estas conductas violentas ¿tendrán una ideología detrás de ellas?

He tenido oportunidad de platicar con maleantes y leer entrevistas que les hacen y por muy increíble que les parezca tienen una justificación para ellas.

También he escuchado algunos discursos de la izquierda radical y no encuentro diferencia alguna entre estos y las justificaciones de los delincuentes.

Las dos nos hablan de una lucha de clases entre los malos que son los ricos y los buenos que son los pobres, entre los que tienen "todo" y los que carecen de lo más elemental.

Para nuestros economistas rojos la generación de riqueza es un proceso de suma cero , esto es, para que exista un rico tiene que haber un pobre o varios.

Gritan y despotrican contra la distribución de la riqueza, consideran que los refrigeradores se dan en árboles y las licuadoras en mata y que cuando ellos llegaron ya unos pillos se los habían llevado.

En esta *estupidología* hacen sentir que a los pobres se les ha despojado de su riqueza y que la sociedad tiene una deuda con ellos.

Los políticos de todos los signos levantan ésta bandera una y otra vez, un proyecto por muy torpe que sea, será bendito si es para los pobres y todo buen proyecto será atacado. ¿Cómo es posible que hagamos esto en un país de 50 millones de pobres?.

¿Recuerda usted las lágrimas del perro? *"A los desposeídos y marginados si algo podría pedirles, sería perdón, por no haberlos sacado de su tristeza y postración"*

Cinismo sin límite, de un tipejo que saqueó al país con su familia y amigos, que nunca asumió ninguna responsabilidad de sus atracos y que culpó a todos del debacle de su sexenio.

Bien, pues ya hay pobres cansados de esperar que les lleven la riqueza prometida y la están tomando por sus propias manos a través de asaltos, robos, secuestros, extorsiones y todo tipo de latrocinios -*"pinches ricos les llegó su hora"*-

¿Pero quiénes son estos malvados ricos?

Si nos vamos a una barriada en el cinturón de miseria, el rico será el dueño de los abarrotes, el vecino que tiene un taxi, el herrero que ya se hizo de su camioneta, el pirrurris que trabaja en una oficina y todos los día sale trajeado y perfumado. Para el abarrotero, el rico será el distribuidor y para el distribuidor será el fabricante y para el fabricante será el financiero y así formamos una cadena interminable donde todos podemos lucir como ricos o pobres.

Esta es la ideología de la muerte, de la confrontación, ideología que inflama la envidia y la ambición como principal motor de una sociedad ya de por sí enferma.

Ideología que justifica al Robín Hood, a Chucho el Roto, al que roba al rico para dárselo así mismo, que es el pobre.

Y no crea que le estoy hablando del pasado, ésta misma semana el fanfarrón y violento de Moreira le exige una cita a Calderón para ajustarle cuentas por su trato con los pobres.

Esta ideología ha convertido en millonarios a los líderes de los pobres. Pero hoy la sociedad está pagando con su vida y patrimonio, las deudas de ese discurso, hoy esta ideología nos esta matando y no hay nadie que se atreva a rebatirlos, no hay quien pondere el trabajo o el esfuerzo como meta hacia la riqueza. Hay que quitarle al que tiene a como de lugar, aunque esto sea el fruto de su trabajo de años.

He visto como hombres recios y maduros pierden el trabajo de toda su vida en un secuestro, hundiendo a su familia en el desamparo y a ellos en la más absoluta de las desesperaciones y he escuchado a un trovador de izquierda decir que merecido se lo tenían por ostentosos.

La lucha de clases es la ideología de la muerte, la caridad no está en el manifiesto comunista sino en el Sermón de la Montaña, no nos equivoquemos.

Debemos quitar del inconsciente colectivo todo el estiércol dejado por el discurso izquierdoso y reconstruyamos nuestra ideología en el trabajo y la verdadera caridad.

La maquiladora y el derecho de pernada

Visitar Juárez sin visitar los parques industriales es no conocerlo, hay elementos en la maquila que nos deben de hacer sentir orgullosos. Fábricas de primer mundo en edificios bonitos, perfectamente equipados, líneas de producción con premios internacionales, técnicos admirables, hábiles operadoras, funcionarios de excelencia que nos hacen exclamar ¡WOW!

Pero, como dicen en mi pueblo, *"no todo el monte es de orégano"*, ¡Bato¡ el esquema maquilador ha generado problemas graves a la ciudad que no se ponen sobre la mesa, pues hay una complicidad subterránea en una gran parte de la sociedad fronteriza.

Allá por los años setenta, Guillermo Fárber escribía *"El mexicano diseñado por el enemigo"*. Parece que el plan maquilador para México saliera de este libro, las primeras maquiladoras que llegaron eran intensivas en mano de obra barata, y Juárez se volvió un polo de atracción para este tipo de gente, vinieron de todo el país a conseguir chamba. Algunos llegaban con parientes, otros se hacinaban en pequeñas casas, algunos vinieron con su familia y otros solteros en busca de una oportunidad.

La demanda de personal calificado generó que en Juárez aparecieran universidades y tecnológicos que produjeran técnicos baratos, la maquila se encargó de darles capacitación especializada hasta llevarlos a planos de competencia mundial.

Las operadoras resultaron más eficientes que los operadores y más baratas, no me pregunte porqué, pero es una realidad; los viernes la derrama de dinero en nómina resultó un botín interesante para los emborrachadores profesionales, no le voy a dar nombres porque luego los amigos de Freddy se me enojan.

Después y aún antes de satisfacer las necesidades más elementales, gran parte de esos sueldos quedaron en bares y prostíbulos de la ciudad, uno pensaría que dos sueldos en una familia llevarían a tener un mejor nivel de vida, pero no siempre fue así, la amplia oferta de diversiones pervirtió a un amplio sector de la población.

Muchachas bonitas venidas de fuera, resultaban una tentación para gerentes y supervisores que encontraron una forma moderna de ejercer los derechos, por los que los terratenientes yucatecos son recordados.

Antes de un año las muchachas ya tenían su recuerdito que les exigía pañales y leche, algunas regresaban a la maquila y otras optaban por un trabajo que les redituaba en un día lo que la maquila les daba en una semana: los famosos *table dance.*

Más pronto de lo que se pensaba se hicieron a un lado los prejuicios y los *tables* aparecieron por toda la ciudad y para todos los presupuestos, la pornografía se difundió por todos los medios, incluso la televisión, sin que nadie se atreviera a decir algo, " *es que semos re modernos tu"*

Las mujeres se liberaron y hasta mantenían a sus machos, aunque en forma diferente al matriarcado Oaxaqueño, las madres solteras se incrementaron en todas las capas sociales y Juárez se inundó de bastardos.

Niños abandonados por sus padres al barrio, los parientes o los amigos; niños que crecieron sin el concepto del bien y el mal, que no tuvieron la mano firme y amorosa de un padre que los corrigiera, y acumulando todo el rencor que el olvido y abandono pueda generar.

Hoy asombrados nos preguntamos ¿de dónde salieron estos muchachos que les cortan la cabeza a sus víctimas?

Juárez es la ciudad de los grandes y hermosos parques industriales, de los grupos eficientes de trabajo, pero también Juárez es la ciudad de las mujeres abandonadas y usadas, de las drogas, del alcohol, de la prostitución, de los robos yde los crímenes.

Hoy, hay una desbandada, la gente se está yendo, parece que el Juárez perverso está eliminando al Juárez virtuoso ¿Usted que opina?

Legalidad o Justicia

En 1998 se realizó una encuesta entre los mexicanos radicados en Los Estados Unidos, había dos preguntas que se consideraban redundantes, la primera era ¿Porqué se habían ido? y la segunda ¿Porqué no regresaban? Se pensaba que la respuesta sería la misma, el buscar una mejor remuneración a su trabajo y la hipótesis resultó cierta.

La mayor parte de la gente emigraba para conseguir mas dinero por su trabajo, pero la sorpresa vino de la segunda pregunta ¿porqué no regresaban?

La respuesta mayoritaria fue porque se sentían mas seguros en Estados Unidos, los analistas de esta encuesta se mostraron sorprendidos ¿cómo se pueden sentir más seguros en un país extraño que en el propio?

La filtración de la delincuencia en las policías mexicanas no es ningún secreto, los diarios y la televisión nos muestran a diario a policías y ex policías como integrantes de las bandas que son atrapadas.

Cientos de policías y ex policías están presos.

Pero la infiltración de la delincuencia no para ahí, hay hechos que nos permiten deducir que esa infiltración existe dentro del sistema judicial, también los medios nos reportan cómo se atrapa a un delincuente, éste confiesa o lo atrapan *"in fraganti"* y lo dejan libre a los pocos día para que siga delinquiendo tranquilamente.

-"Es que el expediente no estuvo bien integrado"-, dicen con voz ceremoniosa y solemne y ahí nos quedamos. Le acep- tamos al juez que haya dejado libre a un delincuente confeso porque la foja

325 no estaba legible o porque el agente del ministerio no entregó un documento a tiempo.

Sería bueno preguntar: Oiga señor juez ¿Y la justicia dónde queda? ¿Y su criterio no cuenta? ¿Y el peligro que significa para la sociedad que se libere a éste delincuente no lo inquieta? Y el juez ceremonioso eleva los ojos al cielo y como un semidiós exclama - " es la ley".

Estamos entrando a la paradoja terrible de ver que la ley propicia la injusticia y promueve la impunidad, que los jueces no tienen el menor sentido de la justicia, ni criterios hacia el bien. Que la sociedad está en el desamparo total, en las manos de la delincuencia y sus cómplices. Que se puede cometer cualquier delito y que en el remoto caso de ser atrapado, se tiene la oportunidad de que el juez, el agente del ministerio público o alguien en el aparato judicial "se equivoque $$$" y salir libre.

Esto lastima profundamente a la sociedad, hoy estamos viendo policías en la cárcel y queremos ver también jueces y agentes del ministerio público tras las rejas por delitos de complicidad.

La gente de bien, la gente de trabajo, la que mantiene en pie este país, necesita protección y no la tiene. La confianza ha desaparecido y lo más grave, no hay esperanza.

Masacre en Juárez

De nuevo jóvenes asesinados por jóvenes, 14 hasta la hora de escribir estas líneas, 13 fallecen en el lugar y uno más en el hospital; los medios, las mismas lamentaciones, las mismas grillas pero ninguno a la profundidad del problema.

Las autoridades, también como siempre, dando el pésame y prometiendo investigar, bueno aquí si hay un cambio, el gobernador saca la cara y afirma que asumirá la parte que a él le corresponde. La opinión pública instigada por los medios culpa al Presidente de la República. Es que el presidente no previo, no ha hecho nada por evitar estas tragedias.

Vamos a ver, ¿el presidente debería acompañar en todo momento a cada uno de los adolescentes para evitar que cayeran en las garras del crimen? Imposible, ahora el Presidente ¿debería de contratar a un policía por cada adolescente para evitar que delinquiera? Y luego por cada policía ¿contratar a otro para que lo vigile?

La naturaleza y los viejos sabios de la humanidad resolvieron el problema del cuidado de los adolescentes nombrando a sus padres como la autoridad elemental en el núcleo de la sociedad, la familia.

¡Ah! Pero vinieron los intelectualoides mexicas, las feministas y el morbo económico de los medios a promover el sexo como fuera "a fornicar y defecar que el mundo se va a acabar" y se destruyó el núcleo familiar. Las madres solteras se convirtieron en las heroínas de las películas y se pusieron a parir bastardos en forma industrial, conozco una mujer que tiene 7 hijos de distintos padres.

¡Ah! Pero mucho cuidado, si te atreves a tocar el tema, irritas a los intelectualoides. ¡Mocho! ¡Retrógrada! ¡Meón de agua bendita!

¡Analfabeto! Y las feministas se te tiran a la yugular ¡Misógino! ¡Ignorante! ¡Insensible!

¡Señores! Debemos de abordar el tema porque se está volviendo de vida o muerte, no podemos tener una sociedad de bastardos sin control, tenemos que llamar a cuentas a los padres de estos bastardos y a los promotores de la perversión social, a los emborrachadores, a los enviciadores a todos aquellos que lucran con el deterioro moral de la sociedad.

Pero la primera llamada debe de ser a los padres de estos jóvenes, a que respondan por las consecuencias de sus actos y metan en control a sus hijos, y si no lo hacen, detenerlos junto con sus hijos delincuentes.

Hemos visto a menores de edad liderar bandas, cometiendo asesinatos, robos y violaciones; y cuando los llegan a atrapar, les dan penas menores o los dejan libres.

El problema va mas allá de policías y políticos, el problema es también de la sociedad, de la familia, de los medios y todos tenemos que hacer una reflexión profunda alejada de intereses políticos y económicos. ¡Freddy, ya bájale a la venta de alcohol!; ¡CANACO ya deja de financiar giros negros!; ¡Municipio, ya no autorices mas tugurios!; Televisoras, dejen de trasmitir porquerías; Padres, cuiden a sus hijos, edúquenlos en valores, repréndanlos cuando sea necesario; Maestros orienten a sus alumnos y vigílenlos, den aviso a sus padres de cualquier desviación.

El problema es de todos y la solución también.

Las raíces de la violencia

El jueves fue un día intenso, no muy diferente a otros pero si intenso.

Muy temprano recibo la llamada de un buen amigo que me dice muy asustado.

-Marcos, llegaron a mi negocio a exigirme una cuota o me matan. ¿Qué hago?

-Pensar serenamente. Mira si me quisiera lucir contigo te diría que denuncies, solo que tendrás una alta probabilidad de sentarte frente a un delincuente o a un irresponsable, y en ambos casos tu vida peligra.

La otra sería pagar, sólo que estarás alimentando a la bestia y quien sabe hasta cuando te la quites de encima o cuando los molestes y dispongan de tu vida.

La más disparatada sería que los enfrentaras, armándote y armando a tu gente, pero pronto acabarías en la cárcel o en el panteón.

La otra es cerrar y salirte de la ciudad a donde no te puedan encontrar, porque como tú me lo dijiste, saben donde vives. Piénsalo con calma, según me dices tienes todo el día para pensarlo.

A las 11 fui al banco, solo que estaba acordonada la zona, habían matado a 3 personas, los cuerpos ya habían sido cubiertos con sábanas y los curiosos miraban desde lejos comentando tranquilamente.

Después de salir a comer, regresé al trabajo y tuve que rodear porque acababan de matar al dueño del *Yonke* que está a una cuadra.

Una vez que me senté a trabajar llegó Benito, un hombre mayor muy trabajador, con la cara desencajada. Le había tocado presenciar el asesinato del *yonkero*.

-Inge. Fueron unos muchachos con cara de diablo, se les veía la maldad en las caras, con qué coraje descargaban sus armas, inge, ¿por qué Dios se ha ido de esta ciudad?

-Benito, Dios no se ha ido de la ciudad, lo hemos sacado. Primero lo sacamos de las escuelas, luego de nuestros hogares y finalmente de nuestros corazones, no es la maldad, es la ausencia del bien. Hace mucho que dejamos de buscarlo y los espacios no se quedan vacíos, las nuevas generaciones se nutren de violencia, abandono, abuso, sexo, alcohol, drogas ¿Qué les puedes pedir a estos muchachos?

-Pero ¿hasta cuando Inge?

-La copa no esta llena Benito. Aún nos falta mucho por ver, si es que no pasamos a engrosar la lista de las estadísticas.

-¿Cómo que aún falta mas?

-No puedes resolver un problema si no vas a los orígenes de él, si no asumes la responsabilidad que tienes; y lo más importante si no tienes el valor de luchar en el sentido correcto.

Mientras pensemos que la solución la va a dar el gobierno mandando más policías o más soldados, veremos cómo aumenta la violencia, porque hemos visto la débil línea entre ser policía y ser delincuente.

Cuando como sociedad, asumamos nuestra responsabilidad y nos demos cuenta que hay demasiados burdeles y cantinas en la ciudad, demasiado sexo y violencia en los medios, demasiado abandono y abuso con los niños; cuando tomemos el compromiso de velar por nuestros hijos educándolos en valores universales y exijamos que los demás hagan lo mismo, podremos ver la luz al final del túnel.

Pero ni siquiera está la solución en la mesa de las discusiones, seguimos *pimponeando* la culpa y erigiéndonos en jueces cínicos, así no habrá solución.

En fin, somos una sociedad que perdimos el olfato y no nos hemos dado cuenta de la pudrición en la que estamos.

¿Qué va a ser de grande mijo? ¡Sicario! apá

La falta de preparatorias en Juárez hace que más del 35% de los jóvenes abandonen sus estudios después de la secundaria.

Una empresa de educación decidió hacer un estudio de mercado para saber cuales eran las intenciones de estudio de los niños y muchachos juarenses y aplicó encuestas en primarias y secundarias. Una pregunta era ¿qué quieres ser de grande? Y la respuesta sorpresa fue "Sicario".

"Era la fiesta de 15 años de su amada, bajo de su camioneta con su cuerno de chivo sin saber lo que le esperaba". Los narcocorridos se han vuelto la música preferida de gran cantidad de adolescentes quienes ven a sus compañeros, también adolescentes, con sus camionetas del año y sus billeteras llenas de dólares.

Para los que ya no somos tan jóvenes y nos dedicamos a cosas triviales como mantener a una familia o a una pequeña empresa, vemos con gran preocupación como nuestros clientes están cerrando sus empresas y se van a El Paso o a otro lado. Algunos jóvenes desempleados se integran a las pandillas o emigran.

La economía de esta ciudad, otrora progresista y hospitalaria, se va a pique por la violencia, y nuestra juventud admira a estos animales.

F.Nietzche, hablaba del "Eterno Retorno", las sociedades no aprenden, y repiten una y otra vez los mismos errores.

Hay un antecedente muy similar en el estado de Chihuahua, allá por los inicios del siglo XX en un pueblo del sur del estado, había una intensa actividad económica y cultural, las minas de la región de Parral producían plata y otros minerales que exportaban a todo el mundo. Se daban el lujo de acuñar monedas de plata para varios países, las haciendas tenían una producción importante, sólo en una de ellas, de la cual tengo copia del contrato de compraventa, tenía más de cien mil cabezas de ganado, cincuenta mil caballos, etc.

Las fotografías de aquella época son muy descriptivas de la bonanza, sus bellas plazas con gente vestida de traje sastre, las mujeres ataviadas de bellos vestidos y los niños con trajecitos europeos; los bares con grandes vitrinas que lucían vinos de todo el mundo ante parroquianos vestidos muy a la europea.

Plazas de toros, salones donde se presentaban orquestas europeas, teatros con intensa actividad, palacios construidos por arquitectos italianos, talleres de metalmecánica alemanes, fábricas en las que se hacían desde finos zapatos, hasta estufas.

Grandes almacenes donde se podían adquirir casimires ingleses, vestidos franceses, sedas o porcelanas chinas.

La gran bonanza atraía a gente de todo el mundo, que llegaba con sus ideas y conocimientos y a veces también con sus inversiones; aunque también la riqueza atrae a los delincuentes y por ahí andaban bandas de abigeos y maleantes que asaltaban y huían a la sierra.

Por esas fechas apareció un asesino que se salía de todos los estándares por su sed de sangre y cobardía, esperaba que las casas en haciendas o ranchos estuvieran sin hombres y asaltaba a las mujeres solas, a las cuales las enterraba vivas para que dijeran donde escondían el oro y después las mataba con una saña inaudita.

Al inicio de la revolución, este animal se integra con sus hombres a luchar por la "democracia" y Parral sufre los saqueos más destructivos de que se tenga memoria. Ahora Villa secuestra y mata a comerciantes y empresarios, destruyendo todo el aparato productivo de la región; los hombres que habían trabajado para hacerla grande, huyen al extranjero o son muertos y secuestrados por el "Gran" revolucionario.

Al terminar la revolución no paran los saqueos y el pueblo mantenía vigilantes que avisaban cuando él se acercaba con sus dorados, y al toque de campanas la población se escondía para que no les robara sus bienes y mujeres. Estoy hablando de la época posrevolucionaria. Hasta que un buen día, un grupo decide enfrentarlo a él y a su escolta y lo eliminan, la gente salió a las calles a celebrarlo.

Bueno esta es la historia que platican los abuelos, porque cuando era niño, al salir de la escuela corríamos a la plaza Juárez donde ex villistas, ya ancianos, platicaban historias de la revolución donde el gran héroe era Villa y lógicamente en nuestros juegos infantiles, todos queríamos ser Villa y cantábamos las canciones Villistas.

"Carranza no tiene panza porque Villa se la quitó
con un cuchillo filoso que sin tripas lo dejó".

Había en el pueblo, una loquita de cabellos largos y blancos que cuando nos poníamos a jugar canicas (no había NINTENDO), nos jaloneaba y nos gritaba que no jugáramos. Cuando nos enfadaba la correteábamos y se iba gritando incoherencias, un día una vecina me toma de una oreja y me sienta en la banqueta y me cuenta la siguiente historia.

-Un día los hijos de ésta señora estaban jugando canicas, cuando por su mala suerte pasan Villa y Fierro.
 Cuentan que Fierro le dijo a Villa:
 -*A que le pongo una bala en medio de los ojos al   chamaco de la izquierda*-. A lo que Villa contestó:
 -*Pues yo se la pongo al de la derecha*-. Y ambos atinaron. Cuando la madre se enteró, se volvió loca de dolor.-
Hoy la recuerdo aún con su vestido negro ajado y raído, sus cabellos blancos despeinados, su cara huesuda y los ojos saltones.
Con los años, después de su muerte, Villa dejó de ser el villano y asesino desalmado para convertirse en el símbolo de Parral. Hoy las fiestas del pueblo, aquella tradición centenaria que atrae a miles de visitantes ha cambiado su nombre por "Jornadas Villistas" donde se le rinde tributo a la bestia.
Quizás en unos años estos sicarios, extorsionadores, asesinos y secuestradores que hoy atemorizan a los adultos y encantan a los niños, sean los héroes de las generaciones futuras. Ya se dio una vez, ¿por qué no otra?
1810 se destruye la economía y el país se baña de sangre y lo conmemoramos. 1910 se destruye la economía y el país se vuelve a bañar de sangre, sus jóvenes quedan tendidos en el campo de batalla y lo conmemoramos.
¿Se repetirá la historia el 2010?, Algo tendremos que conmemorar en el 2110 de éste siglo, faltaba más.

Teto Villa y sus Niquelados

Es frecuente, en el estado de Chihuahua entrar a restaurantes luciendo fotografías de Villa y sus dorados, ahí podemos ver esa foto representativa de Villa cabalgando triunfador con sus Dorados detrás de el.

Villa se ha convertido en el símbolo del Estado, las placas de los autos traen su foto, muchos se identifican con Villa, el polvo de los tiempos ha cubierto a las mujeres violadas y los hombres degollados por estos "muchachitos"; de la misma manera los comerciantes saqueados y ejecutados, los prisioneros usados para el tiro al blanco, las hacendadas enterradas vivas, los secuestrados y ejecutados después de pagar el rescate o los niños con las cabezas destrozada por las patas de los caballos. Hoy nadie recuerda eso, solo la figura triunfante del caudillo y sus dorados.

Dentro de los émulos actuales destaca la figura de Héctor Murguía alias el "Teto", político clásico del sistema, quien después de practicar el *kickboxing* sale diariamente a reclutar gente y apoyo para su campaña para la presidencia municipal, otra vez, acompañado de un grupo de lambiscones que emulan a los dorados aunque por lo corriente no llegan ni a niquelados.

Arrogante, prepotente, exige la presidencia municipal por estar con "los pobres", esta "cercanía" con los pobres lo ha hecho inmensamente, rico y derrocha su fortuna en la campaña que inició desde su presidencia municipal, hace años. El Teto, se baña de pobres y arremete contra los "ricos", con esa esquizofrenia ya conocida a través de la historia de estos redentores mexicas, seguramente será presidente otra vez y recuperará con creces lo invertido y sus lambiscones serán los presidentitos, igual de prepotentes que su patrón y mesías.

La pregunta es ¿dónde quedó aquella sociedad civil que arriesgándolo todo logró sacar del poder al nefasto partido de estado? ¿Y aquellos hombres y mujeres que salieron la calle a exigir un cambio?

Parece que están como la muñeca fea, escondidos por los rincones temerosos de que alguien los vea, derrotados por el sistema y lo más trágico derrotados por si mismos.

Parece que el destino manifiesto de esta ciudad y de nuestro estado es regresar a los años treinta, época de cacicazgos, de atropellos, de saqueos, de crímenes, en una sola palabra, de PRI.

Habemos de esperar a que alguna generación rescate la gallardía y el pundonor de este pueblo, que surgido en el desierto ha sabido enfrentar toda clase de calamidades y afrentas.

Democracia y Justicia

Participación de Marcos Barraza en el Foro de Seguridad Pública y Justicia Penal.

Desde muy chico he oído decir que vivimos en un Estado de Derecho, y la definición es hermosa.

El Estado de Derecho, dicen los doctos, es un sistema institucional en el cual la fuerza pública es sumisa a Derecho, ligado al respeto de la jerarquía de las normas, a la separación de poderes y a los derechos fundamentales del hombre.

Y continúan en ese mundo fantástico:

En el Estado de Derecho toda acción social y estatal encuentra sustento en la Norma; es así que el poder del Estado queda subordinado al orden jurídico, creando un ambiente de respeto absoluto del ser humano y del orden público.

Agrega la definición:　El poder debe estar institucionalizado y no personalizado, esto es,　debe recaer en instituciones jurídico-políticas y no en autoridades específicas, las cuales son detentadores temporales del poder mientras revisten su cargo.

Tanto las normas jurídicas del respectivo Estado, como las actuaciones de sus autoridades, al aplicar dichas normas jurídicas, deben respetar, promover y consagrar los derechos esenciales que emanan de la naturaleza de las personas y de los cuerpos intermedios que constituyen la trama de la sociedad.

Vemos en la televisión a los magistrados de la SCJN caminar majestuosamente, con su voluminoso cuerpo cu-bierto por una toga y hablar con una solemnidad casi divina, y uno piensa, que bueno que tengamos personajes tan brillantes y honestos que nunca se equivocan.

Todo este paraíso desaparece cuando tienes contacto con algún elemento de la "justicia" o enfrentas un juicio como demandante o demandado y entras al pantano del tortuguismo, de la indolencia, del servilismo, de la arrogancia, de la ineptitud, de la corrupción, de todas esas características que llevan al "Estado de Derecho" a ser su antítesis.

Cuando al escuchar en la radio a quienes manejan las estadísticas y hablan de porcentajes cercanos al 98% de impunidad, te das cuenta de que quien delinque tiene muy pocas posibilidades de recibir castigo, y eso lo lleva a seguir agrediendo a la sociedad desprotegida totalmente en el terreno de los hechos.

Cuando platicas con los policías sobre éste tema, te dicen: -Atrapamos a delincuentes en el momento de delinquir y los presentamos ante las autoridades pero al otro día los sueltan. -Y ¿porque los sueltan?- les pregunta uno, y coloquialmente responden,

-Pues porque les dan una lana.

El gran problema de México es la incongruencia entre lo que decimos que es y lo que realmente sucede.

Constitución, Leyes, reglamentos y procedimientos, se han convertido en un galimatías, no por error, sino diabólicamente premeditado, porque nuestras Leyes han demostrado a través de los años, que no buscan impartir justicia, sino el control y saqueo de los recursos y vidas de la sociedad.

Entre mas complejas y rebuscadas sean las leyes, más difícil será su cumplimiento, y la justicia estará en manos de las autoridades, creándose la posibilidad de usarlas en forma discrecional para sus intereses.

Lo ilustro con un ejemplo: supongamos que usted desea cumplir con lo que marcan las leyes de Hacienda correctamente, pues bien, tendrá que leer 16 leyes, un código, 2 cartas de derechos y 16 reglamentos con sus respectivos decretos vigentes, amén de memoranda y comunicados, algo así como 20,000 páginas escritas en términos no usuales, pomposamente denominados técnicos, esto lo lleva al terreno de la indefensión, dejando su destino en la buena voluntad de terceras personas.

Pero aún así, si usted tuviera el tiempo y los conocimientos para leerlas y asimilarlas, no hay garantía de estar a salvo, pues en muchos casos está el criterio de la autoridad que dirá la última palabra.

Pero si las leyes son confusas y rebuscadas, los procedimientos son insoportables e interminables; si usted solicita justicia, un juicio se puede ir a varios años de dar vueltas a juzgados con un gasto inaudito de tiempo y recursos que lo inhibirán en lo futuro a solicitar justicia a los tribunales.

Y al momento de llegar a los impartidores de justicia, el tema se vuelve terrible porque la corrupción lastima profundamente el espíritu de quien exige justicia y la confianza se esfuma al ver como el juez se vende al mejor postor.

Ante este panorama ¿Cuál podría ser el camino?

Después de décadas de sufrir un gobierno autoritario y de una lucha heroica, hemos optado como pueblo seguir el camino de la democracia y eso implica un giro de 180 grados.

Primero

Nuestro sistema judicial debe basarse en reglas de convivencia, no de obediencia, esto es, la sociedad debe establecer cuales son las reglas que se deben de emitir para una convivencia sana, no el Estado dictar las reglas que los súbditos deben obedecer.

Segundo

La Constitución debe tener los fundamentos y objetivos que marquen el rumbo de la nación, y como cascada crear las reglas que nos permitan alcanzar estos objetivos.

Tercero

La sociedad civil debe generar el cuerpo político que propongan las leyes a las que está dispuesta a someterse, para lograr los objetivos del país.

Cuarto

Una vez establecidas las leyes, nombrar a los representantes que las cumplan y las hagan cumplir, aún con el uso de la fuerza pública.

Gran parte del cambio que esta experimentando el país, nació en esta ciudad por el esfuerzo y gallardía de la sociedad civil, que exigió sus derechos hasta las últimas consecuencias, y desde aquí puede salir también la iniciativa para el cambio judicial que la nación requiere en forma inmediata.

En ese movimiento logramos introducir en La Constitución del Estado de Chihuahua la iniciativa popular, El plebiscito, El referéndum y La Revocación de Mandato, estas herramientas nos pueden permitir transformar el sistema medieval de justicia, en una institución al servicio de la sociedad.

Mientras la seguridad pública esté diseñada, operada y supervisada por el Estado no podremos decir que somos un país demócrata. El diseño y supervisión de ésta, debe recaer en organizaciones ciudadanas, como universidades, institutos, comités de vecinos que interaccionen continua-mente con el Estado, proponiendo soluciones y supervisando resultados.

De igual forma, la administración de justicia debe de cambiar, mientras sean los funcionarios o los políticos los que nombren jueces y magistrados, seguiremos siendo un país de gobiernos autoritarios; si queremos llamarnos demócratas, la integridad y honorabilidad de jueces y magistrados la debe determinar la sociedad, no los políticos. Es necesario que éstos sean elegidos de la misma forma que son elegidos los actores de los otros dos poderes.

En síntesis, requerimos:

1.- Reglas claras emanadas de la sociedad.

2.- Procedimientos sencillos y firmes que permitan una justicia expedita.

3.- Autoridades judiciales elegidas por la sociedad.

¡Bueno¡ ¡Bueno¡ ¡ Probando 123¡ ¡Bah¡ Se fue la luz.

Defendiendo a Calderón

Hacer alguna defensa a Calderón es tanto como entrar a una vía rápida en sentido contrario.

Las hordas contrarias atacan duro, todos contra Calderón.

Lo que sí debiéramos defender es la necesidad de enfrentar al narco, con el uso legítimo de la fuerza que le pertenece al Estado y el respaldo de la sociedad que sueña con un país libre de tanta escoria.

La sociedad no puede seguir tomando el lugar del espectador en esta guerra, pues es el principal afectado.

El narco estaba tomando el control total de nuestra nación. el posponer esta guerra como lo hizo el presidente Fox o aliarse a ellos y negociar como lo hicieron los presidentes priístas, era dejar a la sociedad en manos de la delincuencia.

Es lógico que estemos hartos de ver ejecuciones en nuestra ciudad, de escuchar el timbre de la casa o el teléfono y entrar en alerta, o salir a la calle a sabiendas que corremos el riesgo de recibir una bala perdida.

De ver como cierran nuestros clientes, como se queda sin trabajo mucha gente, como huyen los emprendedores a El Paso; estamos hartos de eso quizás como nunca lo habíamos estado, vivimos tensos e irritados, pero no podemos ignorar que el principal culpable es el narco y el delincuente, aunque esto suene demasiado obvio, pero es necesario remarcarlo una y otra vez, como nos lo remarcan los narcos y sus aliados, ya que ésta guerra no debió de haberse iniciado.

Esos delincuentes no vienen de la galaxia Andrómeda,

lamentablemente vienen de nuestra sociedad.

Es difícil creer que un muchacho que se atreve a quitarle la cabeza a un ser humano, haya tenido unos padres preocupados por corregirlo y guiarlo; o un maestro atento a las variaciones de conducta; o una abuela que le diera un buen consejo, y detrás de él tenemos a los grandes traficantes de drogas que se han enriquecido en forma brutal con estas actividades, y que lógicamente defienden su minitas de oro.

Esos traficantes no están escondidos en cuevas o subterráneos, están en los sitios más selectos de nuestra ciudad y muchísima gente sabe quienes son y como crecieron en ese negocio.

Ellos son los verdaderos culpables del clima que estamos viviendo, y no veo en los medios que se les esté denunciando. Tenemos luego a quienes debieron de haberlos combatido y se aliaron a ellos, citaré el caso de Cd. Juárez, y sus los políticos locales.

¿Cómo me explican que las patrullas municipales repartían la droga y levantaban gente, y el ex presidente municipal no reciba reclamos de los medios, sino por el contrario, le aplaudan todo y estén ansiosos de su regreso?

¿Cómo no reclamarle al presidente municipal que le sucedió, el cual al darse cuenta de las fechorías de estos policías no los metiera a la cárcel ni cuestionara al anterior presidente?

Pero si esto se explica en la red de complicidades ¿Cómo puedo calificar a los medios que no lo denuncian?

¿Cómo es que el presidente municipal actual lo diga en cadenas internacionales, y en los medios locales no le exijan una explicación?

¿Cómo explicar la complicidad del actual gobernador Reyes Baeza con Patricio y Chito Solís, cuando mucha gente conocía a que se dedicaban, cuando encontraron droga en el rancho del hermano?

Varios periodistas escuchamos de un diputado los nexos del gobernador Baeza con los extorsionadores ¿Quién comentó algo?

Y ahora escuchemos los medios locales, prensa, radio y televisión acusando de todo a Calderón.

¡PUFF! ¿Cómo calificar a estos medios? ¿Valientes?, ¿Solapadores? ¿Cómplices?

Usted tiene la mejor opinión.

Posdata

Y regresó el Teto a pesar que su antecesor lo denunciara en la TV de USA, como flamante presidente municipal de Juárez, reeligiéndose, ante la mirada atónica de pocos y la apatía de muchos.

Ley ESTRACA

Un Estudio de la UACJ nos indica que hay mas de 80,000 muchachos que no estudian ni trabajan y ¿qué creen?, se les ha dado un nombre, *los ninis*, ¡Que padre! Ya apareció una nueva especie como los hippies, los hombres de neardental, o quizás como un equipo de fut o de beisbol. ¡Damas y caballeros! ¡Los ninis en acción!, el último eslabón en la cadena evolutiva! ¡Wow!.

Por otro lado todos los días vemos en los periódicos, la radio o la televisión noticias de asaltos, ejecuciones, cobro de extorsiones y secuestros realizados por muchachos entre 11 y 20 años ¿Habrá alguna relación entre los *ninis* y estos delincuentes? o ¿estos delincuentes vendrán de Marte, Júpiter o Venus?

¡Pero, cómo te atreves a sospechar de estos querubines! ¡Barraza! Ya estás alucinando, estos niños no estudian, ni trabajan porque se la pasan rezando y ayudando a sus padres en las tareas domésticas. ¿Qué quieres? ¿Qué los obliguen a estudiar? ¡Fascista! ¡Hijo de Hitler! Ah no, ya sé, lo que quieres es que los pongan a trabajar, malvado explotador, pobres niños en la flor de su infancia y ya quieres obligarlos a trabajar, por eso el mundo está como está, pero eso no lo permitiremos, para eso están los Derechos de los Niños.

Que fácil sería la vida si solamente tuviéramos que decidir entre lo bueno y lo malo, pero las coyunturas nos ponen en el dilema de elegir entre lo malo y lo peor, y desgraciadamente no tenemos forma de medir el grado de maldad.

De estos 80,000 ¿cuántos estarán delinquiendo? 5,000?, 10,000? No lo sabemos, pero lo que sí sabemos es que va en aumento y que muchas vidas productivas son cegadas por estos engendros.

Las empresas están cerrando por el temor a la extorsión y al secuestro dejando sin trabajo a miles de personas.

¿Qué vamos a hacer? ¿Poner un policía por cada nini, para que lo acompañe 24 horas? ¿Dejar que se sigan matando?

Aquí junto a Cd. Juárez hay una ciudad donde si el niño no va a la escuela la policía llama a los padres y en caso de reincidencia van a la cárcel.

¡Marcos! ¿Otra vez tratando de imitar a los gringos? Nosotros tenemos otra idiosincrasia.

Hay problemas que no reconocen fronteras, por lo que las soluciones tampoco.

Estamos en la disyuntiva, o metemos en cintura a estos niños o ellos acabaran con nosotros, así de simple, así de sencillo, si seguimos con la estúpida interpretación de los derechos infantiles no tardaremos en caer ante sus balas.

Los muchachos tienen que ir a la escuela, ir a trabajar o ir a la cárcel, no hay otra alternativa que la ley ESTRACA (EStudio, TRAbajo o CArcel).

La metodología y reglamentación puede generar las discusiones que quieran, pero la falta de esta ley cuesta vidas todos los días.

La figura del aprendiz permaneció por siglos dando buenos frutos, el Estado debe de decirles a estos *ninis* ¿no quieres estudiar? Entonces a trabajar; y a los empresarios: Señor empresario, yo pago la mitad del sueldo ¡enséñele a trabajar!, le aseguro que tendríamos otra ciudad.

¿No quieres estudiar ni trabajar? Te adelanto tu futuro y evito muertes innecesarias ¡Al bote! Con todo y chivas.

En una situación extrema como la que estamos viviendo, solo tenemos soluciones extremas o desaparecer. PROPUESTA ESTRACA.

La encerrona a Jelipe

El asesinato a un grupo de jóvenes en Cd.Juárez es, sin duda, un acto miserable, reprobable bajo cualquier circunstancia, los ejecutores no alcanzan la calificación de seres humanos, vaya ni siquiera el de bestias.

El dolor de las madres, de los padres, de la familia es inimaginable, la sociedad Juarense queda cimbrada y aterrada.

Urge una reflexión profunda de las causas que motivó esta masacre de jóvenes vidas que quedaron truncadas.

Una reflexión cruda, libre de tabúes y frases hechas, una reflexión donde todos tomemos una parte de responsabilidad.

Los asesinos no venían ni de Venus, ni de Marte, ni de ningún país lejano, son elementos de un conglomerado de personas que comparten un espacio geográfico, que dista mucho de ser sociedad.

Campo de refugiados de un país que no genera empleos, ni tiene ideales ni principios explícitos, de un país que reniega de la Fé de sus antepasados.

De un Estado que se formó para someter a su gente, de una clase política que a través de privilegios y concesiones explota a un pueblo educado en la mentira y la simulación.

De un pueblo que la tiranía volvió apático y resentido, que se conforma con renegar y hacer berrinches pero se queda inmóvil a la acción constructiva y reconstructiva que la nación demanda.

De un pueblo estúpido que piensa que las mismas acciones, la misma gente, el mismo sistema, le dará resultados diferentes.

Hemos pasado casi cien años, con un sistema que nace de un golpe de estado, que se baña en sangre de gente inocente, que domina, extorsiona y envilece y cuando logramos sacudirnos de la cabeza del monstruo anhelamos con ansia su regreso.

Es cierto que la epopeya civil del 2000 no cristalizó en el cambio anhelado, el sistema solo perdió la cabeza visible, pero en las sombras se consolidó y reafirmó.

El Mesías no pudo con el paquete y el pueblo, desde su hamaca, vió como el sistema lo ridiculizaba y se unió al escarnio y descrédito para crucificarlo en el desprestigio.

La convivencia del Estado con la delincuencia era un secreto a voces, que en la gente de bien se transformaba en un deseo de que alguien se enfrentara a este poder subterráneo, cuyos tentáculos envilecían a la población.

Aparece el Mesías que osa enfrentar a la hidra de mil cabezas y el sistema toma partido, y no es el del presidente de la República. Las primeras investigaciones encuentran una poli-cía totalmente al servicio de la delincuencia y esas policías no se mandaban solas y los ediles municipales no podían estar ajenos.

El Chihuahua priista no estaba ajeno a esto, la policía y el ejercito encontraron evidencias que la gente de el ex gobernador de Chihuahua, no eran ajenas a la delincuencia, su gigantesca fortuna amasada en sus días de gobernador, su poder real que aún conserva ponen en serias dudas su honestidad y ahí esta libre y sus crímenes impunes.

Dueños de medios de comunicación han atacado insistentemente al ejército, no así a la policía municipal y estatal. Las actuales autoridades han dado una cara de preocupación por lo que pasa en el estado, pero bajo la mesa boicotean las acciones del presidente.

Esto se hizo evidente en la reunión que tuvo el Presidente de la República en Cd.Juárez, se formó un cerco de 7,000 policías para protegerlo. Ni el aire se colaba, sin embargo a solo dos metros del presidente apareció una mujer, reclamándole al presidente.

¿Como llegó esta mujer ahí? A muchos empleados federales no se les permitió el acceso, en días previos los priistas y perredistas se dedicaron a reclutar gente en universidades y zonas deprimidas para hacer una protesta "espontánea" contra el presidente. Estas manifestaciones se hicieron a cerca de un kilómetro de distancia y ésta señora estaba a sólo dos metros del estrado en donde estaba sentado el presidente.

La respuesta es clara y evidente para quien no se deja engañar, la señora únicamente pudo estar ahí con permiso e invitación de autoridades municipales o estatales.

Los medios locales, estatales, nacionales e internacionales le dieron una gran difusión a los insultos de ésta mujer, nadie habló de la entereza del presidente, de su respuesta, del respeto que mostró ante ella, de sus preocupaciones y lo más importante, de las ofertas concretas que traía para la ciudad.

El panismo, cobarde como siempre, no hizo una defensa, le dejó el queso a los ratones que se hartaron hasta la saciedad, nadie cuestionó la naturaleza de los asesinos, de sus padres, de sus maestros, de las tribus donde viven, toda la culpa se la achacan al presidente, en un infantilismo intelectual rallante en la idiotez.

Los priistas felices, "pa' que aprendan", los panistas no saben gobernar, nosotros somos los buenos, nosotros si sabemos convivir con la delincuencia.

En estas elecciones, cuando ponga una cruz en el círculo tricolor quizás este agregando una cruz en los cementerios. Ya sé que usted dirá que los panistas no han sabido hacer el cambio y estoy de acuerdo, pero Roma no se hizo en un día y el cambio nos llevará generaciones; pero no podemos dejar vivo el sistema porque la dominación se irá AD AETERNUM.

Las mesas de trabajo de Todos Somos Juárez

A lo mejor usted se enteró de que el presidente Felipe pidió a la sociedad Juarense, se reuniera en mesas de trabajo para plantear soluciones al grave problema por el cual atraviesa Juárez.

Entusiasmado con la idea dediqué el fin de semana a preparar una propuesta y muy obediente. Me presenté hoy a la mesa del trabajo que presidía, valga la redundancia, el Secretario de Trabajo.

Iniciaron las presentaciones: la gente importante, los presidentes de las cámaras, los grandes comerciantes, los rectores de las universidades y al paso de las horas me entró la sensación de que estaba en el lugar equivocado.

Me habían dicho que era una mesa de trabajo para ofrecer soluciones, pero más bien me parecía una mesa de regalos de bodas donde todos ponían una lista de lo que les debía de dar el gobierno, pero no veía a los novios.

Busqué cuidadosamente un árbol de navidad, a lo mejor se trataba de cartitas extemporáneas a Santa Claus y yo ni cuenta me había dado.

Pasaron las horas y de vez en cuando me acercaba a la flaquita que llevaba el control de los exponentes, "ahorita le toca", me decía amablemente. Anunciaron el fin de la reunión y la flaquita con una linda sonrisa me dijo que lamentablemente se había acabado el tiempo, le iba a preguntar si había alguna mesa donde se ofrecieran soluciones en lugar de pedir Kórima (limosna en Raramuri), pero la vi con cara de hambre y la dejé seguir su camino.

Los comerciantes pedían que les quitaran la aduana y los impuestos de importación para poder competir con sus homólogos de El Paso, creo piensan que la gente compra en El Paso solamente por el precio, otros pedían que les quitaran el pago del Seguro Social, los loteros que se diera de nuevo el decreto para pagar poco por importar carros, otros que les regalaran placas a los carros "chocolates", también se pedían créditos a la palabra, ampliar el fondo PYME, crear una zona franca, etc, etc.

La cereza en el pastel, directamente desde *"joligud"*, 15 campesinos que en fila india se fueron al fondo de la sala y ahí con los pies juntos, el sombrero en el pecho sostenido con las dos manos y la cara de puchero, escucharon pacientemente las ponencias hasta que su líder con lágrimas en los ojos le pidió ayuda al Secretario de Trabajo, los malosos los quieren sacar de las tierras que invadieron.

¿Y la cheyenne apá? ¿Y los 80,000 vagos que tenemos? ¡Ay! Barraza no aprendes, no son vagos, son angelitos que no van a la escuela, ni trabajan, se la pasan en casa rezando el rosario y no salgas con tus mojigaterías de las familias disfuncionales, las madres solteras y todas esas burradas que luego escribes, ve en los videojuegos, cuando uno gana, levanta la cabeza sangrante del perdedor, "pos" acá es lo mismo sólo que más "chévere" porque es de a "devis", eso no lo entiendes porque eres un mocho retrógrado.

De todos los "brillantes" discursos me quedo con la frase que alguien dijo y que se atribuye a Einstein, que califica correctamente la sesión.

"La imbecilidad es creer que se van a tener diferentes resultados haciendo lo mismo".

In Memoriam de Carlos Camacho Alcázar

Qué difícil despedir a un amigo cuando se marcha en forma inesperada.
Cuando sólo hace unos días me platicaba orgulloso de los logros académicos de su hija.
Cómo no recordar su fino humor me relatando como metía en cintura a los proveedores abusivos.
Carlos Camacho Alcázar, Subprocurador de la PROFECO fue secuestrado ayer a las 8:30 al bajar a ver que ocurría con sus vecinos.
Carlos era un valiente Quijote, un hombre bueno siempre dispuesto a colaborar.
Carlos se enfrentó valiente al gobierno de los Estados Unidos para evitar se hiciera el tiradero nuclear de Sierra Blanca, aquí muy cerca de México, campamentos en la Casa Blanca, mítines, conferencias, cartas.
Carlos hizo todo lo posible para que no se construyera ese tiradero, pues ponía en serios peligros a la región, y lo logró.
Siendo diputado organizó a la sociedad para vigilar los abusos cometidos por los aduanales, tanto en los puentes internacionales como en el km 30.
Como Subprocurador de la PROFECO multiplicó su actividad como nunca en la ciudad. Fué implacable con los gasolineros, CFE, TELMEX, Cementos Azteca y muchos más.
Descendiente del fundador de la escuela de Agricultura, Carlos organizaba reuniones frecuentes con su madre, sus hermanos y sus hijos. Una familia unida y de valores que ama su ciudad, y que ha

luchado por un mejor lugar para vivir.

Hoy es asesinado cobardemente Carlos Camacho Alcázar

¿Represalia contra el Gobierno Federal?

¿Delincuentes comunes?

¿Persona equivocada?

Para un hombre honrado proveniente de una familia honesta y trabajadora, comprometida con su ciudad, establecer otras líneas es una ofensa.

Descanse en Paz Don Carlos Camacho Alcázar un héroe de nuestros tiempos.

Juárez, el último en salir apague la luz

El viento barre el polvo y la basura de las baldosas del estacionamiento vacío, los letreros de SE VENDE o SE RENTA decoran los aparadores de éste centro comercial en cuyo estacionamiento, hace unos meses no cabía un automóvil más.

Mario vendió sus 3 pequeños negocios y se fue al Sur, Ramón ya esta en El Paso, José Enrique estuvo un mes fuera de su negocio, lo secuestraron y al regresar sus empleados ya habían vendido toda la maquinaria para "liquidarse". Su mujer vendió la casa para rescatarlo, a sus 62 años solamente tiene sus muebles y su guardarropa, hasta el carro y la camioneta necesitó que vender.

Manuel va a su negocio a escondidas, pues teme que lo vuelvan a secuestrar, sus deudas superan sus activos.

Todos ellos tienen algo en común, perdieron su pasado, están como empezaron, con el agravante de no tener ni la fuerza ni la juventud para empezar, pero lo mas grave, están sin esperanza.

El diputado César Jáuregui comentó en una reunión con un grupo de periodistas que un empresario, de los más fuertes de Juárez, sentó en la misma mesa al gobernador Reyes Baeza, a la procuradora y al presidente municipal para exponerle que lo estaban extorsionando, el gobernador le expresó su pesar por el hecho, a lo que el comerciante replicó: "el problema Sr. Gobernador es que quienes recogen la cuota son miembros del comité antisecuestros".

El gobernador muy ceremonioso le contestó que eran agentes encubiertos para seguirle el camino al dinero. "Muy inteligente, sólo que Sr. Gobernador, llevamos pagando la cuota 6 meses; 26

semanas ¿cuánto tiempo mas va a llevar seguirle la pista al dinero?" respondió el comerciante.

Entiendo que hemos elevado a los altares a los "pobrecitos" y la desgracia de los "ricotes" es alegría para algunos, ¿quién puede llorar la desgracia de un emprendedor? Se lo merecen por ostentosos, decía un trovador perredista.

Si jamás hemos tenido un respeto por la gente de trabajo, no comprendemos su tragedia, no podemos captar la frustración de quien pierde el patrimonio ahorrado de toda una vida.

No comprendemos la importancia vital para la economía de una nación que tienen los emprendedores, de los que tienen un taller, una refaccionaría, una panadería, un abarrotes, una fábrica o un negocio, porque crecimos con la estúpida idea marxista de un gobierno todopoderoso, no nos damos cuenta que el gobierno no genera un centavo, simplemente gasta lo que recauda de los que trabajan.

Si no protegemos a quienes generan la riqueza nos hundiremos en la más profunda de las pobrezas.

Y como adicionalmente hemos dado el consentimiento tácito de que el desempleado se puede convertir en ladrón, si no protegemos a estos hombres de trabajo, las hordas de ladrones devastarán la ciudad hasta sus cimientos.

Al tiempo.

Brotes de xenofobia en El Paso

WILL WEISSERT escribe en el Paso Times "Ciudad Juárez residents flee Mexico's 'dying city'"
http://www.elpasotimes.com/newupdated/ci_16991310
Este artículo hace una descripción de los sucesos que cualquier juarense conoce y cualquier paseño ha escuchado decir.

Dentro del artículo describe a *La Red*, una agrupación de empresarios mexicanos que han emigrado buscando seguridad en El Paso, y se reunen los jueves a desayunar para ver la forma de ayudarse unos a otros a salir adelante en el difícil trance de cambiar sus negocios de residencia.

Cambiar un negocio de lugar no es algo trivial, es invertir en instalaciones, capacitación del personal y lo más pesado, crear un nuevo mercado para sus productos, dejando en el negocio anterior todo esto en el apartado de las pérdidas.

El artículo en sí mismo no es agresivo, pero cuando entré a ver los comentarios de los lectores, me encontré con piezas increíbles de estupidez, ignorancia y xenofobia.

Unos llaman a boicotear a estos empresarios, otros les exigen que se vayan hacia el sur, otros más les llaman corruptos, lavadores de dinero y muchos adjetivos más, ésto me llevó a plantear algunas interrogantes.

¿Tienen derecho los empresarios mexicanos de ir a los Estados Unidos a poner empresas?

Si apelamos a la reciprocidad solamente hay que ver la cantidad de empresarios americanos que tenemos en México y en todo el mundo. Son tan importantes las empresas estadounidenses fuera del área continental americana que sin ellas la economía de los Estados Unidos colapsaría en días.

¿Hay corrupción en México? Claro que sí, solamente debemos recordar que la corrupción, como la conocemos en este momento, fue invento de los negociantes estadounidenses.

¿Cumplen con las leyes americanas los empresarios mexicanos? Escrupulosamente.

¿Cumplen con las leyes los empresarios americanos en tierras diferentes? Cuando les conviene si, cuando no, las brincan, corrompen o tiran gobiernos, *remember*, Madero, Salvador Allende y otros más.

¿Dañan a El Paso los empresarios mexicanos en el exilio? Si crear empleos, generar riqueza y aportar cultura daña a un pueblo, pues a lo mejor sí.

¿De qué vive principalmente Cd.Juárez? De los trabajos manufacturados que le hace a USA.

¿De que vive principalmente El Paso? De las compras de los mexicanos.

Si el éxito de estas dos ciudades está en la simbiosis desa-rrollada.

¿A qué vienen esos alaridos xenofóbicos? Ya lo decía al principio, a la estupidez e ignorancia de alguna gente y lo mas triste es que a pesar de usar seudónimos y hacerlo en inglés, la forma de construir las oraciones los delata. Son "pochos", bueno así les decíamos en la adolescencia a algunos gringos color de llanta con el nopal en la frente, que te hablaban en forma despreciativa por ser mexicano y lamentablemente aún los encuentras en algunas escuelas o en la migra.

Si tanto el pueblo americano como el pueblo mexicano hemos sufrido el abuso de líderes y autoridades, ¿no sería el momento oportuno para unirnos y crear una comunidad que responda a los intereses de la sociedad?

¿De ver qué nos une, más allá de nacionalismos tras-nochados e intereses mezquinos? Los empresarios mexica-nos que están emigrando no van a pedir limosna, ni a causar problemas, llevan su patrimonio a ponerlo en riesgo, llevan su capacidad creativa y su talento para generar riquezas. Creo que merecen respeto, el mismo que hemos dado en México a los empresarios americanos.

Ojalá los pudiéramos retener en México, ojalá regresen algún día, ojalá desde su autoexilio puedan ayudar a la tierra donde nacieron, hay muchos ojalás en la mesa pero quiero destacar uno: ojalá les vaya muy bien.

Mi papá le corta la cabeza a los malandros

Ayer en el Programa de radio Sociedad y Tecnología que se trasmite por la estación 860 desde Cd.Juárez, tocamos el tema de los sicarios y la pregunta crucial era ¿dónde estaban los padres y maestros? en la metamorfosis de niño a bestia de estos tipos, ya que la edad promedio de estos animales anda entre los 16 y 25 años.

Entró una llamada del público la cual nos relató que la semana pasada llegó la policía y el ejercito a la casa de su vecino. De ahí sacaron al angelito con un arsenal de armas. Salieron todos los vecinos a ver que pasaba y a los pocos minutos llegó la prensa, y un reportero se acercó a la puerta de la casa donde estaba un niño de aproximadamente 6 años y le preguntó: -¿A que se dedica tu papá?-,a lo que inocentemente el niño respondió muy orgulloso: -mi papá es el que le corta la cabeza a los malandros-.

Y el radioescucha se preguntaba ¿que podemos esperar de este niño en el futuro?

El capitán Núñez quien trabaja también como maestro comentó de un alumno que traía de cabeza a la escuela primaria, por lo que los maestros le pidieron al director citara a los padres del alumno para discutir la conducta del muchacho.

Relata que llegó el padre del joven en una moto vestido con chaleco de piel, la imagen de una calavera en la espalda, el cabello largo y sucio, una banda en la cabeza, barba crecida y ojos vidriosos, además, los brazos tatuados, pantalón de piel y botas militares. En la parte trasera de la moto, venía la madre vestida de igual manera y drogada hasta el punto de no poder sostener la mirada.

"Hasta disculpas les tuvimos que pedir", terminó su comentario el Capitán.

Lo único que puede uno decir en estos casos es: ¡Viva la educación laica!

Narcos y estudiantes unidos, jamás serán vencidos

El episodio del estudiante baleado nos debe llevar a varias reflexiones, la primera, la de bote pronto, es: No es posible que un policía dispare contra un estudiante. Ahora si les quitamos el uniforme nos encontramos con dos personas, una cumpliendo con su trabajo con grave estrés, que sabe que su vida corre peligro y otras, marchando por un supuesto ideal o una grilla barata, como usted quiera llamarla; se encuentran en un punto y la turba empieza a insultar y a lanzar proyectiles a la policía federal, hombres entrenados a matar, no a contener turbas ya que no traían escudos.

Esto no había ocurrido en Juárez en la historia reciente, por lo que ambos traen en la mente solamente lo que vemos en la televisión, donde las turbas con palos se enfrentan a granaderos y éstos resisten los golpes con sus escudos y cascos y a veces con su cuerpo, nunca he escuchado a alguien decir cómo se sentirán en su casa cuando se curen las heridas.

Hagamos un ejercicio, por un momento piense ud. que haría si se acerca una turba a insultarlo y apedrearlo, ¿Correr? Ud. no está entrenado para correr. ¿Resistir? No trae equipo para resistir, ¿Disparar al aire? Eso fue lo que hicieron los policías y los insultos y pedradas no pararon, aún después de balear a un joven siguieron las piedras y los insultos.

Estoy de acuerdo que no debió de disparar el policía, pero ¿Qué derecho tienen los estudiantes para insultar y apedrear a los policías? ¿Esa es la educación que están recibiendo? ¿Esos son los que van a salvar a Juárez? ¿Se acabaran los robos, secuestros y extorsiones si se van los policías federales?

Es tiempo de plantearnos ideas racionales sobre la situación. ¿Hay policías corruptos? Los hay, ¿Hay alumnos corruptos? Los hay, ¿Hay maestros corruptos? Los hay, parece que ya la profesión no es garantía de nada, el ser policía no garantiza honestidad lo mismo el ser alumno o maestro. Tenemos que analizar los hechos fríamente, nos quejamos de la impunidad y los estudiantes pensaron que insultar y apedrear a los policías quedaría en la impunidad, pensaron que los policías debían que soportar ser su piñatas y no fué así.

Hoy vemos un escenario peligroso y exacerbado, la universidad que debería mantener la llama de la libertad encendida, quiere usar esta llama para incendiar la ciudad.

Guerra fallida

Durante generaciones, después del golpe de estado de Victoriano Huerta, fuimos viendo como se construía un sistema tiránico y opresor que cancelaba las legítimas aspiraciones de los mexicanos, confiscaba sus bienes y anhelos en favor de los hombres del poder.

Las minorías privilegiadas acaparaban riqueza y poder, dominando y empobreciendo a las mayorías. Quienes se oponían sufrían las furias del poder.

La apatía nos llevó a una *"dictablanda"* donde se sobrevivía, había una aparente calma semejante a la de los cementerios, el Estado tenía el control de la delincuencia, control y complicidad, la corrupción dominaba, pero no lo suficiente para borrar de la sociedad los anhelos de libertad y democracia.

Muchos fueron los hombres que lucharon contra el sistema con detrimento a veces hasta de su vida.

En el 2000 se quitó la Presidencia de la República al sistema, pero el sistema quedó inamovible en virtud de la legislación que lo apoya, el PRI dueño y señor del sistema mantuvo suficientes soldados dentro del congreso para frenar toda iniciativa que fuera contra los privilegios del statu quo.

Fox se fue de los Pinos como el mejor administrador que haya tenido este país, pero sin haber logrado cambiar el sistema. Lo mismo le sucede a Calderón, a 3 años de su mandato el sistema sigue casi igual, sindicatos, medios de comunicación, cámaras, organizaciones campesinas, etc. Pero decir que no hemos avanzado sería un grave error, hoy la libertad de expresión, nos permite decir y escuchar cosas que antes estaban vedadas, la lucha contra la delincuencia ha despertado al tigre que manotea por todos lados asustando a la población.

Si comparamos la situación actual con la situación que soñamos evidentemente estamos reprobados, si la comparamos con otros países, habrá que ver con cuales la estamos comparando, si la comparamos con lo que éramos antes tendremos un diagnóstico correcto.

Hay quienes pensaban que con el triunfo de Fox mágicamente todo se resolvería, los corruptos se volverían honrados, los sindicatos libres y progresistas, la sociedad educada y cívica, la economía floreciente y la pobreza eliminada y no fue así.

El lastre de tantas décadas de tiranía no se quita de la noche a la mañana, ni es gratis, es un proceso largo y penoso que requiere el concurso de toda la sociedad, la bestia se siente herida y ataca a todo lo que se mueve.

Calderón ha tomado el toro por los cuernos y ha decidido dar la pelea que nunca se dio al crimen organizado y a la corrupción, tarea nada fácil y mucho menos inmediata, pero las guerras cansan y más a un pueblo que la dominación estatal volvió apático, y este cansancio está rindiendo frutos al mismo sistema que espera volver al carro completo, a la dominación total.

Es duro saber en la mañana cuando sale uno a trabajar que quizás ya no regrese por la noche, o que al regreso haya algún ausente, pero detener la guerra sería perderla, negociar sería el gran fracaso y retroceso.

Ninguna de las estrategias implementadas han sido definitivas pues la réplica cambia y el ataque se debe de adecuar a la nueva circunstancia, y quienes tenemos el privilegio de escribir debemos de unirnos a esta lucha, por ser una lucha de libertad y de bienestar. Porque no somos espectadores, la delincuencia nos agravia, nos daña y quien lucha contra ella es nuestro aliado, si queremos que todo éste dolor tenga frutos debemos apoyar la lucha emprendida por Calderón, si queremos regresar a la esclavitud civil, ahí esta el PRI esperando tu voto.

Los riesgos del ejército en las calles

La llegada del ejercito a Cd. Juárez fue recibida con aplausos por la sociedad, era curioso ver cómo la gente abría la ventana de su auto y extendía la mano para enviar saludos al ejército.

Hay una explicación a esta conducta en el deseo de la gente de ver limitada o anulada la acción de los narcos, convi-viendo en un maridaje muy especial con políticos y policías.

¡Pruebas! ¡pruebas! dirían los políticos indignados.

La sociedad ha visto como repentinamente un carpintero de escasa preparación se compra una mansión de millones de pesos, su señora trae camioneta del año y derrocha dinero a manos llenas, y como que esta difícil creer que cortando tablitas en unas semanas haga esa fortuna. También sabemos de lugares donde la gente entra a inyectarse y el lugar sigue abierto por meses, a pesar de que periódicamente se ven patrullas de la policía municipal no se cierran esos lugares, entonces uno concluye, o que son muy torpes e ineptos o que están en complicidad, y si a ésto le agregamos los intensos reportes de la prensa denunciando estos hechos, pues la pregunta de ¡¿pruebas?! Resulta insultante.

En este marco la policía federal y el ejército "parecen" la solución, pero no hay nada que sustituya a los principios y valores, y la solución artificial puede resultar más grave que la enfermedad.

Hoy los soldados están sometiendo a la delincuencia, ¿mañana someterán a la población?

Y no soy alarmista o mal intencionado, pero son hombres y en todo hombre está la semilla del poder, y esa en los militares es muy peligrosa, sólo hay que ver la historia de nuestro país, la

Revolución Mexicana costó muy pocas vidas, Porfirio renunció como buen mexicano y patriota para no regar mas sangre y ascendió Madero, pero la ambición de los generales por el poder no tuvo límite y regó los campos de sangre con el 10% de la población, mas de un millón de personas murieron y la mayoría eran jóvenes.

Los militares no están educados para el debate ideológico o la democracia, están educados para mandar y obedecer y su fuerza radica en las armas no en la razón, así que debemos de preguntarnos ¿que deseamos para nuestro país? La obediencia ciega a un militar o la diversidad de ideas que da la libertad, condición *"sine quam non"* para la democracia.

NINI pa' cuando

Casi todos los días aparecen las fotos de delincuentes en los periódicos y vemos a adolescentes criminales. Los testi-monios de personas que han sobrevivido a los secuestros, también relatan la participación de niños y adolescentes en los crímenes que tienen aterrorizada a la ciudad.

El origen más común de estos delincuentes de corta edad se encuentra en el grupo que se ha denominado graciosamente *NINIS*, vagos que *NI* van a la escuela, *NI* trabajan y dedican su energía al ocio, al vicio y a la maldad.

Los comentaristas y gran parte de la sociedad tienden a justificar sus actividades en la falta de oportunidades, y a concederles la inocencia en virtud de su edad, las mismas leyes son generosas con ellos y ponerlos tras las rejas es verdaderamente imposible.

Pero los análisis no paran a estos delincuentes, ellos avanzan día a día en la brutalidad de los actos sin haber nada que los evite y lo más grave, que los prevenga, seguimos pensando que los problemas se resuelven con discursos y diatribas.

Abandonamos el modelo milenario de respeto a la mujer como centro de la familia, educadora y vigilante de los hijos, para mandarlas a trabajar a la maquila, al *table* o a satisfacer la lujuria colectiva de hombres irresponsables, saturando la sociedad de bastardos.

Nuestros brillantes filósofos actuales con maestría en plastilina y doctorados en sociología, determinaron que la mujer era igual al hombre y tenía los mismos derechos. Que la moral las esclavizaba convirtiéndolas en sirvientas del hombre y sus hijos, y debían desarrollarse en el trabajo de la misma forma que el hombre por ser tan o más competente que él, y que además tenía derecho a la libertad sexual, a la que los atavismos anacrónicos las habían condenado.

La verdad, de bote pronto suena muy bonito, tanto que la sociedad lo asimiló de inmediato y de manera especial Cd.Juárez, donde tenemos el nada honroso primer lugar en madres solteras y adolescentes parturientas. Me comentaba un funcionario de SEDESOL que el promedio de edad de las jóvenes parturientas está en 14 años, hecho que en una sociedad desarrollada espantaría, pero aquí en Juárez ya no nos espantamos de nada.

Nuestra vida está en este momento en manos de bastardos y uso el término en toda la acepción de la palabra, bastardos de todas las edades sin que tengamos una acción conjunta para defendernos, es cierto que la policía detiene a algunos, y el sistema judicial los regresa a la calle 48 horas después con una sonrisa de triunfo que hiriendo cualquier conciencia.

El gobernador lanza una iniciativa y de inmediato los sabios todólogos le contradicen, pero en esta retórica de contradicciones no hay propuestas alternas viables.

"El ejército no es nana de vagos" dice por ahí un email que circula con la firma de un Coronel; es cierto, como también es cierto que el ejercito vive de los impuestos del ciudadano que pagamos para que nos proteja de "enemigos" y si los NINIS son potenciales enemigos de la sociedad, no se justifica la actitud de este "coronel".

La sociedad tiene un rol vital en este problema, es tiempo de preguntarnos si seguiremos aplaudiendo este relajamiento en las costumbres que llevan un ejercicio brutal del sexo en niños y adolescentes, si seguiremos ponderando como moderno el abandono de la mujer del hogar, si seguiremos convirtiendo a las mujeres en prostitutas baratas y la pregunta crucial, si lograremos la paz y la prosperidad en una ciudad sitiada por bastardos.

Aquí está sobre la mesa el tema, no para reflexión o análisis, sino para la acción. O metemos en control a los vagos o ellos nos meterán en el ataúd.

Si te quisiéramos matar ya te hubiéramos matado

Cuando velábamos a Carlos Camacho, Delegado de la PROFECO en Cd. Juárez, un hombre bueno, valiente y servicial nos lamentábamos el que no hubiera verificado que fuera el ejército y hubiera abierto la puerta. Como lo platicamos aquí Carlos vió desde su ventana que entraba a su privada el ejército, bajó a ver que se le ofrecía, resultó que eran sicarios y se lo llevaron junto con otras personas. Al otro día encontraron su cuerpo, lo habían golpeado hasta morir.

Hoy, como todos los días después de terminadas las labores, me quedé a revisar los reportes de producción y a preparar el programa del día siguiente, cuando suena el timbre insistentemente, va mi hijo a abrir y regresa diciéndome que están tres hombres armados tratando de entrar.

Recordando lo sucedido a Carlos decidimos no abrir, y empezaron a golpear la puerta, yo empecé a llamar a todos mis amigos para que hablaran al ejército y verificar si eran o no soldados. También hablé a la AFI y al 060 y nadie tenía reporte alguno, mientras tanto, los tipos insistían y golpeaban la puerta, le hablé a Raúl Ruiz un excelente amigo y periodista que en ese momento estaba al aire en su programa de radio y desde ahí con el micrófono abierto llamó al 060.

Desde una mirilla les decía que estaba verificando su identidad y que les abriría en el momento de que tuviera la certeza de que eran soldados, les pedí que se identificaran y me dijeran de que batallón eran y no me respondieron. Un tipo con el rostro cubierto, se levantaba la media de la cara para hablar. Intenté ver el número de su vehículo y me tapó la mirilla. Con el celular seguí hablándole a mis amigos y familiares. Una empleada que vivía enfrente nos llamó por teléfono y dijo que estaba una tanqueta apuntando a la puerta.

Por la mirilla les expliqué lo que había pasado con Carlos Camacho a lo que respondieron, "si te quisiéramos matar, ya lo hubiéramos hecho" . ¡Que amable! Pensé, este hijo de puta se siente dueño de mi vida y ha decidido que viva.

Una hora después del primer timbrazo llegó la AFI, los encapuchados huyeron de inmediato, el capitán gritó: "Somos de la AFI, venimos a rescatarte", les abrí y entraron como 20 agentes y soldados y empezaron a revisar escritorios y cajones en la oficina. De pronto habla el de la AFI muy enojado: ¿Quién abrió ese boquete en el techo?, ¿Quién escapó por ahí?

-Nadie señor-, le contesté, lo hicimos para salir en el momento que tiraran la puerta. No tengo sangre de mártir.

Los soldados de distribuyeron por la planta y abrieron máquinas y cajas de materia prima para revisar y, para ser justos, lo hacían con cuidado sin dañar nada. El jefe del comando se me acercó y me preguntó a que nos dedicamos y le respondí que a producir productos de plástico y modernizar maquinaria, le interesó el tema y le mostré las máquinas que estamos actualizando. Me platicó que a su hijo le llamaba mucho la atención la electrónica y mientras los soldados revisaban hasta el último rincón el soldado y yo platicábamos de la familia, la producción y las máquinas, cuando de repente llegó un soldado muy enojado.

Afuera había una multitud de gente, empleados, vecinos, radioescuchas, mis amigos de la estación de radio 860 del programa Acciones y Reacciones que durante todo el programa estuvieron llamando a las autoridades y terminando el programa se vinieron de inmediato a ayudarme, periodistas cultos e inteligentes pero sobre todo valientes en el micrófono y valientes en la vida diaria. Muchas gracias a ellos y a mis amigos que se movilizaron de inmediato, algo me dice que les debo el buen final de este duro incidente.

Después me platicaron lo que había ocurrido afuera y me resulta inquietante ya que el escuadrón armado con trajes militares y caretas permanecía ante la gente que se congregaba con una impunidad absoluta, cuando vieron venir a la AFI, un civil les hizo una seña pasando su mano por el cuello y se dieron a la fuga.

Atrás de la AFI llegaron los militares, dizque a una inspección que duró menos de 5 minutos.

Si éste comando era en realidad parte del ejército ¿por qué huyó? Y si eran delincuentes ¿Por qué no huyeron cuando se llenó la cuadra de curiosos y amigos?

Decidí cerrar la planta. Un mes después apareció la noticia en el periódico El Norte que habían matado a un tal Marcos Barraza, el reportero apuntaba que los vecinos estaban muy extrañados pues era un hombre tranquilo y amable que con nadie se metía, sin duda era un error.

Tres meses después acribillaron a la familia que vivía frente a la planta, el dato preocupante es que en la sección amarilla aparecía el teléfono de esa dirección a nombre de Marcos Barraza. Un mes atrás, al cerrar la planta le había traspasado el teléfono a la vecina.

Considero una obligación civil hacer este relato desde una ciudad donde ya nadie puede sentirse seguro.

Terror en Juárez

Ayer fue un día muy especial en Juárez, cuando empezaron las ejecuciones la vida no se afectó sustancialmente, con el paso de los meses nos enterábamos que el primo del primo del amigo había sido secuestrado o extorsionado y la morgue se llenaba de desconocidos, pero pronto fueron los primos, los vecinos, los amigos los que eran objeto de la violencia.

Ayer recordábamos a Carlos Camacho, delegado de la PROFECO secuestrado y asesinado precisamente un día como ayer, 17 pero de Mayo del 2008. Un hombre que siendo diputado fue a hacer un plantón en La Casa Blanca para que no construyeran un tiradero nuclear en Sierra Blanca, Tx., a unos kilómetros de la frontera con el Estado de Chihuahua; el único diputado panista que se opuso a que el FOBAPROA se convirtiera en deuda pública, un luchador incansable por los ideales mas altos de una patria generosa y ordenada.

Durante el día recibí varias llamadas, un amigo tuvo que salirse del trabajo, pues sus hijos pequeños habían presenciado un homicidio frente a su casa y estaban en shock, una ex secretaria me pedía dinero prestado para rescatar a su tío, un trabajador de la fábrica de junto bañado en lágrimas juntando dinero para enterrar a su hijo, una amiga preguntándome si conocía a alguien que le ayudara a agilizar la entrega del cuerpo de su cuñado de la morgue.

Al salir a comer se oían las sirenas de las ambulancias, los convoyes de policías nerviosos y asustados, alertas con sus armas de alto poder, a las 10 de la noche salí de la oficina, y me encontré con un espectáculo que no había visto nunca, las calles totalmente vacías, solamente me crucé con 3 autos en el camino a casa.

Ya mucho se ha hablado y escrito sobre los orígenes y culpas de la violencia en México, que si Calderón les lanzó el reto y ellos empezaron a matarse entre sí, que se lucha por la plaza, que son maleantes repatriados, bla, bla, bla. Sólo quiero hacer una reflexión.

Si analizamos la historia universal, encontraremos que las tribus bárbaras y salvajes se transformaron en civilizaciones cuando reconocieron una autoridad suprema, no diré cuando introdujeron el concepto de Dios porque viene el TRIFE y me multa, pero les invito a que me digan cual civilización se construyó sin un Dios.

Luego si un pueblo se somete a una autoridad Divina formando una civilización, es lógico, que al sacar ese concepto de la sociedad se regrese a la barbarie, 200 años llevan grupos oscuros dentro del poder, luchando por erradicar el nombre de Dios de la sociedad mexicana, y creo que finalmente lo están logrando o ¿Ustedes creen que los muchachos que están descabezando y destazando seres humanos hayan sido formados en el temor de Dios? Hoy ya nadie nos puede acusar de ser mochos, retrógradas o analfabetos, "semos" mucho *modernous* y pervertidos hemos progresado y esta es la recompensa a nuestro esfuerzo en ese sentido.

¿Pactar o no pactar?

Hay en estos momentos el debate nacional acerca de si el gobierno debe o no pactar con la delincuencia, hay quienes urgen al gobierno de que se siente a negociar con los delincuentes y regrese la paz, como si alguna vez la hubiéramos tenido.

Javier Cuéllar se muestra sorprendido por mi artículo ¡NO! Sicilia ¡NO!, donde expongo la posición de NO negociar con el crimen por parte del Estado y bastaría recordarle la misión de todo Estado al sorprendido de Cuéllar, y comprendiera que en un pacto estado-delincuencia el gran afectado es la sociedad.

En ese artículo expongo el testimonio de Mariano José de Larra, quien vivió en Morelos, y vivió la PAZ que pide Cuéllar. Donde las balas iban en una sola dirección, de la delincuencia a la sociedad civil. Donde las denuncias se ahogaban en el círculo cercano de la víctima, donde no se tenían noticias rojas porque no se atrapaba a nadie y los denunciantes terminaban incriminados por el Estado por esa graciosa asociación o pacto.

Sr. Cuéllar, me llama usted ingenuo porque pretendo un estado antagónico a la delincuencia. Me gusta el adjetivo porque mi ingenuidad se funda en la esperanza, sin embargo, también usted es ingenuo al pretender que un pacto acabará con los secuestros, asaltos y extorsiones, solamente que su ingenuidad no nace de la esperanza, sino de la ignorancia. Y seguiré con mis zarandajas, como usted le llama. ¿Piensa usted que cuando pacte el gobierno con los criminales un secuestrador que se lleva una fortuna en un evento regresará a la maquila por 700 pesos a la semana?, conste que no me estoy riendo mucho.

Divide la opinión en corifeos y creo que prefiero bailarle a la trasparencia y al Estado de Derecho que a la opacidad y delincuencia, bailamos en diferente corifeo mi estimado Sr. Cuéllar.

Concluye después de su perorata "Luego entonces sólo nos queda el pacto y siempre ambas partes han tenido excelentes negociadores, no se preocupen por eso" entiendo quien es el Dionisio al que usted le baila.

La falibilidad es inherente al ser humano y por ende a la sociedad, pensar en la sociedad perfecta es una utopía pero debemos orientar el timón en esa dirección, las soluciones simplonas como las que propone resultan terribles, ya lo hemos vivido, la tarea no es fácil ni es de una persona, es una labor que solamente se podrá triunfar con el concurso de toda la sociedad.

Estamos ante una mayoría silenciosa que vive de su trabajo, busca la felicidad, la paz y la convivencia armónica y por otro lado una minoría violenta, rica y poderosa que se apodera del patrimonio de los que trabajan, que lucra con la salud y bienestar de las mayorías ¿de qué lado debe estar el Estado? ¿de qué lado esta usted, señor Cuéllar?

¡NO! Señor Sicilia ¡NO!

Circula por internet un panfleto titulado ¡Estamos hasta la madre! Escrito por Javier Sicilia en donde, entre otras cosas exige al Gobierno Federal pactar con la delincuencia.
Lo que sucedería con un pacto no es necesario imaginarlo ya se ha vivido en la zona donde fue asesinado su hijo y citaré la investigación de Mariano de Larra, quien vive en esa zona, para describir que pasaría con un pacto.

"Los secuestrados fueron miles (sólo una familia secuestró tres mil), los muertos jamás se pudieron contar, todo ocurrió en la peor y más siniestra prepotencia y secreto. Los cadáveres de los secuestrados y asesinados, pueblan las laderas de la carretera federal. Primero, los secuestrados eran guardados en el municipio de Huitzilac y después en los separos de la Procuraduría del Estado.
La maldad, la impunidad y el cinismo llegaron al extremo que, cuando los secuestrados pagaban lo que se les había exigido, seguían guardados en los mismos separos de la Procuraduría, pero ahora en calidad de secuestradores.
El Gobernador, el Procurador y el Jefe de la Policía del Estado de Morelos eran, todos ellos, narcos, extorsionadores, secuestradores y asesinos".

Ponemos el ejemplo de Morelos por ser ahí donde ocurrió el asesinato del hijo de Sicilia, pero todo el país fue pasto de los mismos desmanes.

Eso sí, sólo de un lado mataban, del de los asesinos amafiados con el poder y del poder mismo; sólo de un lado morían, del de los simples ciudadanos A LOS QUE NADIE, ABSOLUTAMENTE NADIE, DEFENDÌA, y a quienes, al parecer, ni a toro pasado queremos defender, puesto que ahora reivindicamos como sabios a esos monstruos   asesinos   que   vejaron   hasta   la   náusea. Sr. Sicilia, nosotros también

¡ESTAMOS   HASTA   LA   MADRE!.
ESTAMOS HASTA LA MADRE que se diga que es la lucha del Estado contra la delincuencia la responsable de toda esta violencia. Por el contrario, es responsabilidad exclusiva de los delincuentes.
ESTAMOS HASTA LA MADRE que se nos diga que debemos volver a los tratos con los delincuentes.

Es toda esa basura la que nos ha traído hasta aquí y quien quiera volver a ella tendrá que enfrentarse con cada uno de los que no estamos de acuerdo, que también contamos.

Pero en el supuesto de que se atendiera esta exigencia quisiera preguntarle al Sr. Sicilia ¿Cómo sería ese pacto con los criminales? Se pondrían mesas de autoridades con delincuentes y se subastarían las plazas, me imagino a la autoridad preguntando a los Narcos:

-¿Quién quiere envenenar al norte del país?-

O mejor por giros:

-¿Quién quiere envenenar a los niños de primaria, quién a los de secundaria, quién a los de prepa y profesional, quién al público en general?-

-¿Cuánto ofrecen por giro?-

En la mesa de los secuestradores :

-¿Qué parte nos va a tocar del pago del rescate? –

-¿Quién ejecutará a los que no paguen? –

-¿Nosotros secuestramos y ustedes cuidan?-

Dígame Señor Sicilia, ¿Cómo sería ese pacto de la delincuencia con el Estado? Y se lo pregunto pues su revista Proceso, investida en un disfraz de mártir, ha sido acusada de tratar con delincuentes a los que les vende el aparecer o no en su revista ¿Cómo negocian ustedes sus artículos?

Es cierto, estamos hasta la madre de salir todos los días al trabajo con la zozobra de que nos bajen del carro con una pistola, que nos secuestren, que nos extorsionen, que nos asalten, de toparnos en las calles con descabezados, de abrir los diarios y ver como escurre la sangre.

Es cierto, estamos hasta la madre de esperar al familiar con angustia si se retrasa o se queda incomunicado por alguna razón, pero de ahí a claudicar en la lucha contra el crimen hay una diferencia abismal.

Quizás para un narco periodista, como usted parece ser, esa sea una gran salida y un gran negocio, pero para la gran mayoría de mexicanos, sin influencias, sin micrófonos, sin esperanza, el gran ideal es vivir en un país libre de delincuencia, en un lugar de paz y corresponsabilidad.

La lucha contra la delincuencia debe ser una tarea de todos. Que se inicie en casa con la educación de nuestros hijos, se extienda al trabajo, a la escuela, al barrio y en cada punto donde estemos. Que seamos promotores de la honestidad, la honradez, el respeto, en fin, de todos los valores que llevan a tener una sociedad pacífica y productiva.

Pactos con la delincuencia ¡JAMAS! Señor Sicilia.

Impunidad

Hace unas semanas publicaba un artículo que titulé "Legalidad o Justicia" en él destacaba ese abismo formado entre la legalidad y la justicia, entre lo que esperamos de la autoridad y lo que recibimos de ella. Una de las conclusiones que destacaba era "La ley propicia la injusticia y promueve la impunidad".

A unos días de haber escrito esto, la vida me dio oportunidad de documentarlo paso a paso, y digo la vida, porque si digo Dios, viene el TRIFE y me multa, ya ven esa obsesión del sistema por tener un pueblo ateo.

Estaba en una junta de trabajo con varios colegas, y al final de la reunión todos encendimos nuestros celulares. En ese momento, le llega una llamada a un amigo reportándole que habían atrapado a un par de maleantes desvalijando su negocio, y en ese momento iban con los policías a la estación Aldama y debía ir a levantar el acta.

Me ofrecí a acompañarlo, llegamos en unos minutos y nos pasaron a una sala donde se estaba levantando el parte policiaco, estaban los dos ladrones totalmente drogados y el empleado daba el parte de los hechos.

El fin de semana previo, se habían introducido unos ladrones y habían saqueado todo lo que había, incluso aires acondicionados y calefacciones. El lunes al llegar el empleado le asombró ver la puerta abierta y al entrar escuchó unos golpes y vio a este par de tipos golpeando y destruyendo las paredes de tabla roca para robarse el metal de los marcos, de inmediato salió y a una distancia prudente llamó a la policía, como pasaban los minutos y no llegaba la patrulla insistió, hasta que después de una hora y cinco llamadas llegaron los policías y atraparon a los maleantes.

Esperamos durante tres horas en los separos sentados frente a los maleantes, a unos 5 metros de distancia, pero frente a frente. En el inter llegó un policía y bromeó con los maleantes, luego llegó el abogado de "derechos humanos" y les preguntó si los habían tratado bien en el arresto a lo que respondieron que "si", pero luego abundó y les preguntó si no les dolía algo y de inmediato pusieron cara de sufrimiento y dijeron que les dolían los brazos de donde los agarraron, ¿alguna otra cosa?, insistió el abogado, "también nos duele la espalda", respondieron con cara de dolor. El abogado de Derechos Humanos tomó nota y se retiró, al pasar frente a nosotros nos miró en forma despectiva y siguió su camino con aires de héroe.

Nos sacaron de esta sala y nos pasaron a recepción donde nos avisarían cuando iriamos a Averiguaciones Previas.

Pasó una hora y nada, así que nos acercamos a preguntar y nos mandaron a "previas". Al llegar no pudimos entrar porque nos abordó la familia de uno de los detenidos, -¡Son inocentes!- gritaban, -¡están cometiendo una injusticia!- y nos mostraban un bebé al tiempo que decían -¿Quién lo va a mantener ahora?, mírenlo esta enfermito-, el empleado de mi amigo se replegó y ahí llegaron otras personas a amedrentarlo y a decir que ellos habían visto que él era el ladrón, que podían identificar su camioneta donde se había llevado los aires y que eso no iba a quedar así.

Después de más de una hora nos abrimos paso y llegamos a las oficinas de los agentes ministeriales, ahí nos esperaba la otra madre la cual no amenazaba sino suplicaba que no levantáramos cargos, que era madre soltera y que tenía que trabajar para mantener a sus 3 hijos. Tratamos de localizar algún agente pero tardaría mas de una hora en atendernos, así que entre amenazas y súplicas se levantó la denuncia, primero por parte del empleado y luego, mientras mi amigo declaraba, llegó asustado su empleado. Afuera lo esperaba el resto de la banda y se lo querían llevar. -¿No van a hacer nada?- Le preguntamos a los agentes, -Levanten su denuncia por amenazas- contestaron fríamente, -¿Antes de que lo maten o después?- pregunté. No me contestaron, así que tomé al empleado y por la puerta trasera llegamos al estacionamiento y lo saqué escondido en la parte trasera de mi auto, mientras mi amigo terminaba con su declaración. Era más de las diez de la noche cuando salimos de "previas", diez horas exactas de trámites con la tarea de llevar al otro día, las escrituras de la propiedad, facturas de lo robado y el acta de matrimonio de la bisabuela.

Al otro día acudimos a la maquila donde trabaja una de las madres ,había estado hablando al celular de mi amigo, quería llegar a un "arreglo". Las autoridades proporcionan a los maleantes todos los datos de sus acusadores. Mas tarde llevamos los papeles a previas, por la tarde nos llamaron porque a la escritura le faltaba un sello, las facturas necesitaban ser originales y firmadas por el contador o dos testigos, pero lo más grave fué que el empleado había fallado en el reconocimiento de los maleantes y teníamos perdido el caso.

Le pedimos a la coordinadora nos explicara cómo era eso de que no había reconocido a los pillos, -Le pusimos cinco fotos y los que dijo reconocer no eran los maleantes-. -¡A ver!- le dije,- ¡enséñeme las fotos!, y ahí estaban, de tamaño infantil, en blanco y negro impresas en papel bond 5 tipos casi iguales. ¡Ni su madre los reconocería!

-¿Ahora?- pregunté yo.-Pero los agarraron *in fraganti*, ¿Cuál es la razón de este reconocimiento?-

- La ley es la ley-, me contestó en tono solemne, como si las nubes se abrieran para iluminarla con un rayo.

-¡Vaya! Pues qué inteligentes legisladores y más inteligentes aún quienes la interpretan-, intervine en la conversación. La coordinadora sonrió satisfecha sin adivinar mi sarcasmo.

Continuó en ese tono solemne:

-Lo único que queda es hacer un convenio para la reparación del daño.-

-No estudian ni trabajan, ¿de donde van a sacar dinero para pagarme? ,¿van a ir a matar, secuestrar o robar a alguien para pagarme?, ¿no le preocupa que estos tipos vayan y maten algún familiar suyo por unos pesos?- Preguntó mi amigo.

-La ley es la ley, tenemos que hacer un convenio.- Insistió

-Bien, deme tiempo para pensar- replicó mi amigo.

Una hora después regresábamos con la coordinadora,

-Ya tengo la idea del convenio. Sacar a dos tipos de la delincuencia. Punto número uno: que dejen la droga y entreguen un antidoping cada semana; Punto número dos: que regresen a la escuela y muestren constancia de asistencia, junto al antidoping; Punto tres: que trabajen en su casa; Punto cuatro que hagan trabajo en la comunidad.-

Trajeron a los pillos para hablar con él. Durante dos horas habló con los delincuentes sobre la posibilidad de regenerarse aprovechando el convenio, después pasaron las madres y de nuevo una larga plática sobre la necesidad de apoyar a sus hijos en el cumplimiento del convenio. Se acabó el día y nos citaron para el día siguiente en la mañana, pues a medio día se vencían las 48 horas y debían dejarlos en libertad.

Llegamos temprano y el empleado empezó a elaborar el convenio asentando los generales de todos, en eso llegó el abogado defensor, abrazó a los pillos y a sus madres. Risas y alegría; una de las madres le firmó un pagaré, la otra le dio una bolsita de algo que se guardó de inmediato en el saco. Una hora después le pasaban el convenio para su lectura, los muchachos barrerán el frente del negocio una vez por semana durante seis meses como reparación del daño.

Mi amigo extrañado le dijo al burócrata, -¡Esto no es lo convenido!-,

-Lo que usted quiere va contra los derechos de los muchachos-, contestó también con esa contagiosa solemnidad.

-Si usted no pone lo acordado, no firmo.- Aclaró enfático mi amigo.

-Es usted un tipo obtuso-. Le dijo en forma despectiva el burócrata.

-Obtusa tu "#$%&/ madre. Contestó indignado mi amigo.

Y empezó el intercambio de insultos y gritos; las madres lloraban, los muchachos crispados y en el momento que se iban a iniciar los golpes llegaron dos agentes y sacaron a mi amigo.

Caminando de salida se acercó un viejo abogado litigante y nos dijo:- No pierdan su tiempo ni arriesguen su vida, el sistema judicial esta totalmente infiltrado-.

Salimos por la puerta trasera, como diría Dostoyevski, *Humillados y Ofendidos*. Esta historia no la leí, ni me la contaron, la viví en primera fila. Sé que nada cambiará, somos una sociedad cobarde y atemorizada que puede ser pisoteada a voluntad del sistema, pero creo que es mi deber dejar testimonio de los hechos

(Actualización de última hora) Ayer con una camioneta tumbaron la reja de entrada al estacionamiento y entraron de nuevo, me llama mi amigo y me pregunta qué hacer y le contesto, pues arreglar la puerta, estamos en un país donde la legalidad mató a la justicia.

Los que se fueron

Cuando mis amigos de otras ciudades me preguntan, qué hago todavía en Juárez. Le hago al poeta de pueblo y contesto, todos los días encuentro una razón para irme, pero todos los días me brota un sentimiento para quedarme y aquí estoy, pasmado entre el miedo y la esperanza.

La semana pasada escuchaba atento los pormenores del secuestro de un amigo, veinte días en que las sienes se le tiñeron de gris, perdió su patrimonio y lo más grave, la tranquilidad y la seguridad en sí mismo. Veía su cara y le encontraba nuevas arrugas en su rostro, sentía su dolor porque me recordaba el propio, recordaba la tarde que tres enmascarados golpeaban a mi puerta exigiendo se las abriera, los ladridos desesperados de mi fiel perro, las llamadas a mis amigos, los telefonemas a la policía que nunca acudió, la parafernalia de sentirte vulnerable, la rabia de la impotencia justo dos semanas después de que enterráramos a Carlos asesinado en circunstancias muy similares.

El viernes pasado andaba en El Paso por La Mesa, y era curioso ver la cantidad de autos estacionados afuera de los bares y restaurantes; el bullicio de una ciudad antes tranquila, las risas y la alegría de lo que han llamado el nuevo Juárez y al cruzar el puente las luces apagadas de los antros que hace apenas dos años hervían de gente. Calles vacías, ventanas apagadas.

Los médicos se han puesto en huelga y han iniciado las manifestaciones pidiendo seguridad y son muy justas sus peticiones, tan justas como inútiles, no queremos darnos cuenta del fondo del problema, tendríamos que asumir una responsabilidad en este pandemónium.

Desde niños nos enseñaron que los ricos son malos y los pobres buenos; que los empresarios son unos malvados explotadores y los trabajadores sufridos pobrecitos; que los pobres existen porque alguien se quedó con su dinero y ese alguien son los perversos ricos.

En la preparatoria siempre hay un maestro que nos abre los ojos para informarnos que los burgueses deben morir, que la única solución es la dictadura del proletariado.

Los políticos encampañados y muchos de los ya instalados en el poder en todo discurso invocan a los *"50 millones de mexicanos en extrema pobreza"*, y nos aseguran que ellos están luchando por estos pobres. Cumplimos cien años con este discurso y los pobres siguen pobres, los ricos, ricos y la redención no llega.

Pues bien, si el gobierno no les da el dinero prometido algunos ya han decidido tomarlo. Pero…. ¿quién es el pobre? y ¿quién es el rico? De bote pronto usted diría que los pobres son los que viven el las colonias mas alejadas y los ricos en las colonias mejores, pero no es exacto, porque en el momento de ver el secuestro de el dueño de una tienda de abarrotes, de una taquería, de un taller, un ingeniero, un arquitecto o un médico nos damos cuenta que cualquiera puede ser considerado rico y cualquiera puede sentirse pobre.

Nos han formado en la ideología de la lucha de clases, en la ideología de la izquierda ladrona y asesina, en el culto a los sicarios sociales, en el marxismo retrógrado y bestial y todavía nos atrevemos a decir ¿qué esta pasando?

Estamos cosechando lo que sembramos por años, abandonamos el camino de la virtud por el de la perversión, hicimos a un lado la doctrina del trabajo por el de la revancha social, sacamos a cachazos a los curas de las escuelas e instalamos la educación racional, cambiamos los valores por la conveniencia

Entiendo perfectamente a los que se fueron, pero admiro a los que se han quedado, y siguen día a día arriesgando el pellejo, a los que no han bajado la cortina y creen que ésta ciudad todavía tiene remedio; a los que tienen esperanza y a los que oran por la ciudad.

Esta ciudad generó grandes utilidades y sueldos arriba de la media nacional, disfrutamos de una vialidad mejor que la mayor parte del país, hubo trabajo abundante y diversiones a raudales, disfrutamos un cielo esplendoroso.

Esta fué tierra de grandes líderes, ¿dónde están?, ¿en el *Starbucks* de La Mesa?

Generó empresarios poderosos y ricos ¿es el *Red Lobster* su lugar?

Cuentan que la mujer chihuahuense es bravía, porque cuando sus hombres estaban en las minas, ellas defendían el pueblo de los apaches. ¿Existirán todavía este tipo de mujeres?

Muchos están a salvo en El Paso y no se les critica, como diría Nietzsche *"Humano demasiado Humano",* pero a veces surge la tentación de crear escenarios imaginarios, digamos, ¿Y si los que se fueron regresaran con todo su talento, fuerza y dinero para recuperar esta ciudad para la gente de bien?, ¿Si dieran la batalla decidida a la delincuencia?, ¿Si cada juarense de bien tomara un arma y limpiáramos la ciudad?, ¿Si nos uniéramos a la lucha de los médicos?

Si, lo sé, es una utopía. La solidaridad no es parte de nuestra educación, el valor civil no está en nuestra maleta, pero a veces nos gusta soñar para olvidar nuestras pesadillas.

Presunto sospechoso

Cuando los microprocesadores se volvieron más potentes, se hizo evidente el abandono de los *mainframes* antiguos por parte de muchos usuarios, los cuales cambiaban sus viejas máquinas por nuevas basadas en esta tecnología.

Este cambio tenía algunos retos importantes, si bien el generar lenguajes tradicionales para las máquinas nuevas era relativamente fácil, era necesario recompilar los programas y capturar de nuevo los datos, lo cual en la mayoría de los casos, era una tarea gigantesca.

Como toda crisis genera una oportunidad, nos dimos a la tarea de hacer un aparato que pudiera conectar los dos tipos de máquina, e hicimos programas que permitían hacer las modificaciones; pronto nos saturamos de clientes.

La Presidencia de la República, en tiempos de Zedillo, tenía una *Cyberg* que no habían desechado por la información que contenía y nos llamaron para hacer el cambio, tarea que nos llevó casi 6 meses. Escribo todo esto como preámbulo al tema principal.

Me parecía muy gracioso ver cómo todos los funcionarios cercanos al Presidente hablaban como él, se paraban como él y adoptaban las mismas posiciones de él, así que nos referíamos a ellos como "los presidentitos", pero el convivir con ellos todos los días me llevó a ver que eso era algo natural. Los funcionarios de Salinas también hablaban en el tono de su exjefe y ni que decir de los que trabajaron con Echeverría, a pesar de tantos años seguían con el tonito.

Me explicaba una psicóloga el fenómeno de imitación se da con la gente que rodea al líder o al jefe, y que va mas allá del imitarlo en el hablar y alcanza al comportamiento y a las actitudes.

En Juárez tenemos un líder que llega presumiendo al salir de su clase de *KickBoxing,* que reta a la policía federal, que se pasea con grupos armados en vehículos sin placas y sin uniformes, que más parecen sicarios que guardias; un líder que se siente dueño de la ciudad y lo reclama a gritos, como cuando lo detuvo la federal.

Un estilo de gobernar más cercano a las dictaduras que a la democracia, investido de autoridad raya en el autoritarismo y prepotencia, pero los *tetitos* son mucho más peligrosos en su imitación al líder, que si éste ya es caricaturesco, sus émulos caen en lo patético.

Les ha dado por emboscar a la gente que tiene necesidad de salir de noche de su trabajo, y aunque haya la evidencia de que son gente de trabajo, los detienen y les dan la oportunidad de que se caigan con una lana, después de todo su jefe necesita mucha feria para su próxima campaña; y ahí los traen paseando hasta que sus familiares consiguen la lana y liberarlos.

Esto no es una noticia nueva, hasta en programas de televisión extranjera ha aparecido, pero aquí parece que hemos aprendido a tolerar maleantes oficiales y a no cuestionar a funcionarios violentos por el temor a represalias; aquella valentía ciudadana de hace 25 años que nos pusiera de ejemplo mundial se agotó, hoy somos un pueblo atemorizado y amordazado, sólo nos alcanza para criticar a Calderón, finalmente ni quien lo defienda, pero mirar feo al "Teto", puede ser un asunto muy delicado.

No les hablo de lo que me dijeron o platicaron, seguí un caso punto por punto, y quiero decirles que estamos solos, no tenemos defensa contra los maleantes, ni contra los municipales; como dirían nuestros abuelos, "que Dios se apiade de Ciudad Juárez".

Cd. Juárez ¿Narco sociedad?

En el último debate que realizaron los contendientes a presidente municipal por el municipio de Cd.Juárez, sucedió algo inusitado. César Jáuregui, candidato por el PAN presentó una argumentación contundente con exhibición de pruebas sobre las actividades de narcotráfico del ex alcalde de Cd. Juárez, Héctor "Teto" Murguía, ahora en su calidad de candidato de nuevo a la alcaldía; además también mostró pruebas de su enriquecimiento inexplicable, pero el narco político ni se inmutó. -¡Mira Cesarín!- le contestó al tiempo que la audiencia soltaba una carcajada. -Tengo eso y más. Tu nunca soñarás siquiera con lo que tengo en mi declaración patrimonial-.

Esto, en una ciudad civilizada, hubiera sido un escándalo de proporciones mayúsculas pero NO en Juárez. Los medios sólo reportaron que Cesar Jáuregui había bajado el nivel del debate, ningún comentarista destacó la gravedad de que un narco se lance para presidente municipal en una ciudad donde los narcos se matan todos los días; donde las empresas son extorsionadas y los emprendedores secuestrados; donde miles terminan anticipadamente su vida útil por el consumo de drogas o brincan a la delincuencia por conseguir un carrujo o una dosis.

Aquí no pasó nada, -*Pos, ¡pinche Jáuregui!*, descubrió el agua tibia. No dijo nada que no se supiera antes-, decían algunos.

"Guerra sucia" denunciaron los intelectuales pueblerinos, "mas vale malo por conocido...." decían otros, y las elecciones le dieron la razón a el Teto, con todos sus crímenes, robos, corruptelas y lo que se acumule esta semana, ganó sobradamente.

Pronto subirá al trono su majestad "Teto I", emperador de Juárez y la gente lo aplaude. Los medios corren a reportar los detalles de el Teto, -*Aquí Armando, viene saliendo el Teto de su casa, bla bla bla-*, decía emocionado un reportero como si estuviera narrando la salida de la Reina Isabel o el Príncipe Carlos.

Quizás Kafka nos podría explicar este culto a la delincuencia, a la parte oscura; y si usted va a las barriadas escuchará a los equipos de música domésticos a todo volúmen escuchando narcocorridos o corridos, ahora dedicados a los sicarios.

Algunos simpatizantes del PAN hablan de los acarreos, de la compra de votos, de la repartición del narco poder, de cuantiosas derramas a líderes y medios, pero la realidad es que si la gente hubiera salido a votar, ni así hubiera ganado el Teto.

¿Cómo explicar ésta ausencia, ésta complicidad pasiva de la población?

El narco no es nuevo en Juárez, los narcotraficantes se establecieron hace décadas, la gente conocía de sus actividades y créanlo o no, los aceptaba. Las señoras iban a los mejores clubes, los hijos asistían a selectas escuelas, los vendedores se acercaban a ellos, arquitectos, ingenieros, ebanistas se peleaban el construirles sus fastuosas casas; les pedían préstamos para resolver sus problemas económicos, bueno, hasta se dió el caso de que un capo fungía de juez en disputas y acudían a su arbitraje.

El narco siempre ha existido y existirá, decía un comentarista político y empezaba a dar datos y lugares donde se vendía la droga y no pasaba nada.

El narco financiaba campañas políticas, ponía y quitaba gobernantes en todos los niveles, el PRI era el gran administrador del narco y no pasaba nada; se sabía pero, ¿qué se podía hacer?, así son las cosas, decían resignados.

Hasta que un día alguien pensó que debía hacerse algo e inicio una guerra contra el narcotráfico, lastimando intereses en muchas capas de la sociedad, -Ya pronto se van a arreglar-, decían los sabiondos del pueblo al inicio de las hostilidades.- Calderón debió de preparase antes de lanzarse a esta aventura- dicen algunos, -Calderón debe de negociar- dicen otros, -Calderón tiene la culpa de todo-, dicen los medios.

Ahora resulta que quien quiere eliminar el problema, es el culpable de que el problema exista. ¡Maten al mensajero! decía el Rey, cuando recibía una mala noticia.

Esto nos da un nivel de cómo se fue corrompiendo la sociedad sin darse cuenta, del nivel en que está como grupo, y a la pregunta es... ¿Juárez es una narco-sociedad?, habrá muchos que piensen que así es.

Todo es culpa de Calderón

-Vieja, ¡qué Calorón!!!!
-Si, ¡es culpa de Calderón!!!!
-Compadre, que duro me dio la gripe.
-Claro compadre, es culpa de Felipe.
-¡Chin! Se me perdió la refacción,
-Debe haber sido la Federación.

Aquí en Cd.Juárez todo lo malo que pasa es culpa de Felipe Calderón o de la Federación.
Nuestros sesudos comentaristas de radio, prensa escrita y televisión todo se lo achacan a Calderón.
Antes de que Calderón fuera presidente, Chihuahua era un paraíso, pero desde que entró Calderón todo anda de cabeza, o al menos es lo que dicen los "periodistas" juareños. Con decirles que todos los días hay un programa de radio de dos horas al medio día, donde dos micos parlantes de apellido Gómez, relacionan todas las malas noticias con Calderón o su gobierno. Ese golpeteo constante y sin respuesta distorsiona el inconsciente colectivo, creando un odio contra nuestro Presidente y escondiendo la realidad de los problemas y sus responsables.
Chihuahua sólo ha sido gobernado durante 6 años por la oposición y todos sus males vienen de Calderón.
En cierta radiodifusora juareña se leía un memorándum que decía: *"Quien use estos micrófonos para atacar al Presidente Municipal o al Gobernador se le cerrarán; contra el Presidente de la República, todo lo que quieran".* Esa era la linea editorial de la

radiodifusora, pero si vemos el contenido de las demás, en el canal 44 y el Diario de Juárez, es lo mismo. A santificar al PRI y a darle duro a Calderón.

Este proceso de linchamiento público contra el chaparrín distorsiona la naturaleza del problema y esconde a los verdaderos culpables de la violencia en Juárez. Ningún medio destaca la gravedad de la existencia de estos monstruos que recorren la ciudad asesinando, robando, extorsionando y secuestrando.

Tampoco hablan de los que se han beneficiado de la venta y tráfico de drogas, no se escucha de las grandes mansiones de los narcos o de sus actividades "paralelas".

-Es que nos pueden matar-, me decía un amigo periodista.

-Tu no sabes lo que se siente que te obliguen a decir ciertas cosas-. Mmmm que interesante, hay que atacar duro a Calderón y achacarle todos los problemas porque no va a haber represalias, ¡que valentía de periodistas!

Aunque mucha gente en privado habla de las actividades ilícitas de las autoridades estatales y municipales, los periodistas no se atreven a abrir la boca y se sienten realizados al atacar al presidente, y más aún, con los priistas al mando, el chayote es el chayote.

Yo policía, Tú policía, Él policía, ¡LOTERIA!

Me parece tragi-cómico escuchar a nuestros políticos con el pecho inflamado, la cara al cielo y acento de prócer gritar a los cuatro vientos: *-La principal obligación del Estado es garantizar la seguridad de los ciudadanos-*, y luego, los comentaristas de radio, televisión y periódicos, como pericos repitiendo lo mismo.

Pues le tengo la mala nueva, ésto no existe en la Constitución, El Estado no marca ninguna obligación con sus súbditos. Con la recientes reformas algo se hizo en el tema de la seguridad, el texto quedó: "La seguridad pública es una función a cargo de la Federación, el Distrito Federal, los Estados y los Municipios, que comprende la prevención de los delitos; la investigación y persecución para hacerla efectiva".

El diseño de la Constitución no es para proteger a la ciudadanía o darle garantías y derechos, se hizo para controlar y explotar a un pueblo, cada Presidente le ha hecho las reformas que ha querido para adaptarla a su particular manera de gobernar, para mantener su estatus de dueño absoluto por 6 años.

El tema de la Seguridad pública se ha elevado al rango Constitucional, por cierto esa es otra vacilada de nuestros políticos, pues cuando le quieren dar énfasis a una ley la elevan al rango constitucional; nadie les ha dicho que la Constitución de un país es la carta que describe como está constituido, no un compendio de leyes. Así existen constituciones muy avanzadas que no pasan de 10 Cuartillas; la de USA cabe en un póster y nosotros tenemos un mazacote obtuso, de 170 páginas llenas de contradicciones, mal estructurada. Algunas veces quiere ser ley, otras reglamento carcelario o buenas intenciones, cartas a Santa Claus, etc. Siempre he pensado que la escribió Cantinflas.

Ahora la Constitución incluye: "....los tres órdenes de gobierno deberán coordinarse entre sí para cumplir los objetivos de la seguridad pública." En Juárez ésto se ha interpretado como: "Tu me disparas, él me dispara, ¿quién disparó?"

Todo esto viene como preámbulo al caso de los policías federales que se enfrentaron a la escolta del presidente municipal de Juárez mejor conocido como el Teto.

El Teto se transformó en el vocero de la escolta y sin haber presenciado los hechos, dio una detallada y enfática versión a los medios. Después se erigió en Juez y verdugo pidiendo la salida inmediata de los federales de Ciudad Juárez, su reino por los próximos 3 años. "Fuera de mi negocio Señores".

Por ahí hubo unas tímidas declaraciones de los federales que no tuvieron el énfasis ni la difusión de la versión del presidente municipal, donde afirmaban que no se detuvieron cuando les marcaron el alto y que portaban armas largas y los amagaron.

¿Cuál versión debemos de creer?

¿La que ha tenido una gran difusión o la lógica?

Para encontrar la lógica tendríamos que hacernos varias preguntas como:

¿Es prepotente la escolta de Teto?

¿Es prepotente el Teto?

En la campaña el Teto prometió sacar a la policía federal de Juárez.

¿Tal promesa salió de la población o era necesaria para las actividades del Teto?

Ahora hagamos unas reflexiones con los federales, continuamente estamos escuchando reportes de enfrentamientos entre sicarios y federales. Les reportan que hay hombres armados en una dirección, llegan y hay un intercambio de disparos donde muere un escolta, en una tierra donde la mentira es arte político. Difícilmente sabremos quien dice la verdad, pero regresemos a la Constitución y preguntémonos:

¿Se están coordinando como los obliga la Constitución?

¿Las escoltas eran policías o civiles?

¿Las camionetas donde viajaban los escoltas llevaban identificación?

¿Cree ud. que los federales hubieran disparado contra policías municipales a bordo de patrullas?

Porque, de ser así, todos los días estaríamos viendo enfrentamientos entre las policías.

Y una última pregunta:

¿Quién debe salir de la ciudad, el Teto o los federales?

Ud. tendrá la mejor conclusión, yo tengo la mía y no es la más popular.

Ellos si saben negociar

Anoche me despertó una ráfaga, la segunda la escuché ya despierto y si hubo una tercera, no me di cuenta porque ya me había dormido de nuevo, pero luego llegaron las ambulancias y la policía con la sirenas a todo lo que daban. No entiendo ¿por qué estando parados no apagan la sirena?, así que tuve que levantarme a cerrar la ventana y taparme los oídos con la almohada para volver a conciliar el sueño.

¡Ah que Calderón!, cómo se le ocurrió esto de la guerra contra la delincuencia. Pero ¿qué creen?, ahora que gane el PRI se acaba la guerra y regresa la tranquilidad, bueno palabras mas palabras menos, eso lo dicen el "candidote" a gobernador por el PRI y su pandilla, perdón sus chicos de campaña.

Como últimamente ando medio lento y no "cacto" bien las ideas, me gustaría que me ayudaran a entender eso de la negociación con el narco. Me imagino se sentarán frente a frente en una gran mesa de juntas y desplegarán un gran mapa y lo dividirán por zonas.

Lógicamente, llevarán ya un estudio de mercado que les ayude a negociar, y me imagino qué dirá el futuro gobernador: "Vamos a ver, en esta zona hay 100,000 adictos que consumen 2 dosis por día de a 100 pesos lo cual da 20 millones de pesos al día, la cuota es de 9 millones diarios ¿quién da mas?"

Me imagino que los capos harán un gesto de desaprobación y dirán: "Eso es mucho dinero, tenemos gastos, la distribución, la cobranza, tu sabes, se nos puede aparecer un verde y nos quita la mercancía".

-¡Pérate¡, ¡pérate¡-, interrumpirá el "gober". -¿Pa' que están las patrullas de la municipal?-

-Ellos distribuyen y cobran, tu nos entregas y recibes tu parte y listo. Tu dedícate a enviciar a la gente, el resto nosotros lo hacemos.

¿Qué más platicarán estos cuates en la negociación?, ¿Será en dólares o pesos la negociación?, ¿Habrá descuento por pronto pago?, ¿Anticipos pa´ la compra? ¿Laboratorios para ver la calidad?

¿O la negociación se hará por giro? Haber, ¿Quién quiere enviciar a los escolares?, ¿Quién quiere los antros?, ¿Quién los picaderos?, ¿Cuánto por la vía pública?

¿Cómo le harán para negociar? Porque en los discursos de campaña no dan detalles, y cuando uno debate con su gente se enojan y muy autoritarios pontifican: "El narco siempre ha existido, es como la prostitución, un mal necesario. Hay que tenerlos controlados".

También los asaltos, asesinatos, violaciones etc., siempre han existido, ¿cómo negociarán con ellos? "Haber, la matas, te atrapamos, no das una lana, te soltamos, robas, compartes, te atrapan, le das una lana al juez y te suelta".

Oiga usted, ¡que padre!, Tienen razón los priistas, todo ha existido siempre, luego todo es negociable. Son unos genios, ahora entiendo el carro completo y los ochenta años de poder absoluto, bueno, quitemos los últimos 10 en la presidencia con el babas de Fox y el acelerado de Calderón, pero los gobiernos estatales ahí están para mantener en alto la bandera priista y sus "presis municipales". Ya nada mas hay que aguantar al Calderas dos añitos y cacho más, y superboy vendrá a restablecer el orden y la paz. ¡Viva el PRI, 'i i'ñor!, a negociar con el narco, los extorsionadores, los secuestradores, los ladrones, los asesinos, los violadores, los etcéteras. Apúntenme yo voy a votar por el PRI para que haya paz, y no se les olviden mis 200 pesotes, mi lonche y mi pecsi, ¡Viva México!

Todos Somos Juárez

Leía un reportaje aparecido en el Universal de Venezuela sobre el fracaso del programa "Todos somos Juárez", y se me ocurrió investigar sobre éste programa, por lo que le hablé a un amigo para ver si conocía a alguien dentro de este programa y me dieron el teléfono de Humberto Uranga, así que le hablé y concerté una cita para una entrevista.

Llegué un poco tarde a la cita, así que me recibió con una broma sobre mi puntualidad.

-Licenciado o Ingeniero- pregunté, para saber como dirigirme a él.

-Ciudadano- me contestó. En la torre pensé, nunca he entrevistado a un ciudadano. Así que le pregunté:

-¿Le puedo decir Humberto?-,-¡claro!- contestó y me arranqué.

-Cree usted que ¿Todos Somos Juárez?

-¡No!, pero podemos serlo- contestó enfático sin dejar de ver el monitor de su computadora.

-Y este programa, ¿nos hará sentir que todos somos Juárez? -le pregunté con una sonrisa.

-No lo sabremos si no lo intentamos-, contestó tajante.

-¿Qué busca este programa?-

-Recuperar los índices de seguridad y recuperar la calidad de vida-

-Mi siguiente pregunta era si es un programa fallido, pero veo que la pregunta ya no tiene sentido porque los resultados saltan a la vista, después del programa tenemos mas violencia y menos calidad de vida.

-Esta mal su apreciación, la violencia no la genera el programa aunque su solución si puede estar en este programa.- respondió el funcionario.

-¿Alguna varita de cristal?- pregunté.

Tomó un pedazo de papel y dibujo un banco con 3 patas, por cierto las 3 pata
estaban del mismo lado, si le da este plano a un carpintero seguramente se l
pasará cayéndose todo el día.

-Una pata es la participación de todos, la siguiente es la corresponsabilidad
la otra la integralidad-. Yo tampoco entendía, así que le pregunté de maner
que no adivinara mi ignorancia.

-¿Como han desarrollado cada pata?

-Hemos formado con la comunidad mesas de análisis de la problemática y s
solución, han participado grupos organizados, y en este momento hemo
canalizado $27 Millones de pesos para 40 ONG's, en integralidad estamo
reparando la infraestructura urbana para que sirva en forma autosustentable
la sociedad, hemos remozado parques públicos, hospitales, auditorio
guarderías, en fin todo lo que ayude a la calidad de vida de los habitantes-.

-Se saltó corresponsabilidad- acoté.

-Es un renglón donde apenas empezamos a avanzar. Durante el gobierno d
Baeza sencillamente no se logró la participación del gobernador en el tema d
la seguridad, sencillamente volteaba para otro lado, no participaba. Césa
Duarte, el actual gobernador, se ve comprometido. Le pongo un ejemplo: e
tiempo de Baeza, de cada 100 delincuentes que atrapaban 98 quedaban e
libertad, hoy las cifras se revierten, de cada 100 delincuentes, 98 se retiener
En el gobierno anterior los teléfonos de denuncias, las cámaras de seguridac
en fin, todo estaba en las manos equivocadas.

En el caso de la policía el problema es muy grave. Denunciamos a unc
policías federales y asuntos internos los removió de inmediato, pero en l
policía estatal y municipal no se puede hacer nada, la respuesta a todo intent
de cambio, es no puedo mover gente. ¡Punto!

El grado de infiltración de las fuerzas del mal es tremendo, estamos trabajand
en terreno minado, el tamaño del monstruo está desproporcionado, si algur
vez se termina el proceso de depuración de la policía estatal y municip

estaríamos vislumbrando el inicio del fin, pero la buena noticia es que hay ahora voluntad de coordinación entre Estado y Federación-.

-¿Continuará este año el programa?-

-Si claro, tenemos un presupuesto de mil millones para apoyar a la sociedad juarense.-

-Un última pregunta Humberto, ¿crees en este proyecto?

-Si, definitivamente, creo en el programa, creo en mi gente y creo que superaremos esta crisis juntos.

-Humberto, le agradezco mucho sus palabras y su atención.

Juárez ¿Hacia donde?

En "El fin de la Eternidad" de Isaac Asimov, el autor plantea los viajes en el tiempo como nadie lo había hecho, estableciendo las bases para los libros y películas que sobre el tema se han realizado. En ella el ejecutor, *Harlam*, recorre los siglos haciendo cambios mínimos que lleven a corregir guerras o catástrofes.

La historia está hecha de pequeños cambios que provocan grandes movimientos, en los años ochenta en Ciudad Juárez se hizo un cambio que generaría grandes movimientos en todo el país. Los juarenses habían derrotado al sistema.

La epopeya no se recuerda públicamente y parece que ya nadie quiere saber de ella, un movimiento de la sociedad civil derrotó al sistema depredador mexicano y lo mantuvo fuera por casi 20 años en los que el cambio fue más que notorio, de ser una ciudad cuyo principal atractivo eran los burdeles de la calle Juárez, pasó a ser la ciudad con mejor infraestructura industrial en México, amplias avenidas y un crecimiento económico inusitado, oferta de empleo, formación de personal calificado en manufactura y todo lo que lleva consigo.

Pero el sistema no dejó de operar, los caciques y los medios hicieron el trabajo subterráneo para desprestigiar lo hecho y los "héroes" se lo creyeron, entrando en una lucha interna que les llevó a perder el poder, pero lo más grave, les llevó a perder la autoridad.

El sistema estaba al acecho y en el 2004 regresó con toda la furia contenida en la persona del "Teto".

Todo lo que ya se creía superado de nuevo apareció, con la agravante de no tener oposición real, ya que los panistas estaban en su casa rumiando sus pugnas internas, sus desilusiones y sus pataletas.

Los ríos de dinero público se enfocaron hacia los medios. Ya no se tapaban baches en las calles se callaban conciencias, la corrupción regresó a plenitud. Con esto no quiero decir que las administraciones panistas fueran inmaculadas, pero el grito de "va a haber pa' todos" se levantó como bandera de combate. Regresó la "polla" en la policía y tránsito, las comisiones a los contratistas y proveedores. El 15% pa'l Teto decían. Los picaderos se triplicaron y las patrullas se usaron para repartir y cobrar. El Teto dominaba todo y se enriquecía a manos llenas, pero nunca se olvidaba de los "progresitos" a los que abrazaba para salir en la foto y les arrojaba algunas migajas para que se arrastraran a sus pies. Empezó a comandar pandillas y a darles una fuerza inusitada, convirtiéndose   en   el   gran   capo. Los medios callaban ¿Quién reclama con la panza llena?, como decía un memo pegado en la cabina de una radiodifusora, "quien use este micrófono para hablar mal del presidente municipal o del gobernador se le cerrará, contra el gobierno federal duro", esa era la "línea editorial" de los medios y sigue siéndolo, Calderón tiene la culpa de todo y cuidado con quien diga lo contrario.

Hoy regresa el "Teto" con la billetera abultada regando dinero por todos lados, "el si sabe gobernar" y es cierto, si gobernar se entiende como dominar, saquear, corromper, en fin todo lo que el sistema ha venido haciendo desde el golpe de estado en 1913.

Este 4 de julio podremos hacer el cambio al futuro, al depositar nuestro voto, no será el cambio maravilloso que quisiéramos, no vendrán las hadas madrinas de la bella durmiente a transformar todo por arte de magia, es sólo dejar una bestia depredadora a la orilla del camino y seguir luchando por reconstruir la ciudad donde vivimos.

¿Nos ha dejado alguna lección la violencia en Juárez?

Cuando uno estudia la historia del hombre, fácilmente cae en la tentación de sólo ver la grandeza de las obras que nos legaron, pero muy pocas veces en la metodología que les llevó a adquirir esos conocimientos que nos asombran.

Un caso notable son los mayas, en sus almanaques llevaban un registro muy cuidadoso, tanto de los fenómenos naturales, como de los sociales, y la repetición de los eventos les ayudaba a establecer ciclos astronómicos y agrícolas, en el aspecto social el análisis de los hechos les llevaba a evaluar que conductas eran buenas, sanas, positivas, y de éste conocimiento hacían sus leyes y normas.

Si no queremos ir tan lejos como los tiempos mayas o de los egipcios, en los pueblos era muy común que al atardecer las señoras del barrio se sentaban a "chismear" o comentar los acontecimientos, y a calificar conductas que les ayudaba a educar a sus hijos, de la misma manera los hombres se reunían a tomar café o cerveza y comentaban y evaluaban los acontecimientos del pueblo, estableciendo reglas de comportamiento no escritas y la base de conocimiento para la resolución de los problemas.

En localidades más grandes, los "acontecimientos" nos llegan a través de los medios, muchas veces acompañados de comentarios y juicios y de aquí tomamos la información para evaluar situaciones y generar el conocimiento sobre nuestra ciudad y sociedad.

Pero.... ¿Qué pasa si esta información está tergiversada? La respuesta es sencilla, no sabremos cómo resolver los problemas que la situación nos plantea. Veamos un ejemplo: Aparece en algunos de los diarios de Juárez la noticia de que se encuentran los cuerpos de 2 hombres ejecutados y descuartizados, y acto seguido, una diatriba contra las autoridades federales rayando en la desesperación y odio.

Dicho de otra forma, dos adolescentes matan a otros dos y los descuartizan y el culpable es Calderón. La gente maldice al Presidente por la muerte y descuartizamiento de estas personas. La información cumple su cometido, se informa de la muerte de estas personas y se ataca a los NO patrocinadores de los medios.

Pero ésta información no genera conocimiento por lo tergiversada y manipulada que está, hay preguntas que no se hacen porque no son "políticamente correctas", vamos a tratar de hacer un análisis menos simplón de los que se hacen a diario en todos los medios juarenses.

Tenemos unos adolescentes matando y descuartizando a otros seres humanos. ¿Por qué? Ahí si abundan las respuestas, por encargo del narco, por encargo de un enemigo, por pertenecer a una banda, etc....

Pero, ¿qué hace que un adolescente disponga de la vida de otro ser humano con tal saña?, ¿Quién educó a este joven? ¿Cómo fue su infancia? Los que atisban hasta este nivel, caen casi inmediatamente a la simplonada nacional e histórica de la lucha de clases, *"es que la pobreza, marginación y desigualdad...bla bla es lo que los lleva a delinquir"*.

Pero siempre ha habido pobreza y marginación en México y en el mundo, más de la mitad de los países son más pobres que México y no se ven estos casos, y en Juárez hace apenas unos años no existía este fenómeno, pero nadie se atreve hablar de los bastardos, de las maquilas, de la promoción del ateísmo, de los caciques del pueblo   y   de   los   terratenientes.

El plan maquila se desarrolló de acuerdo a los intereses mezquinos de algunos dueños del pueblo, sin análisis, bajo la fuerza de los terratenientes que solo deseaban incrementar el precio de sus tierras y rentar las naves, justificando la creación de empleos.

A diferencia de otros países donde se seleccionó el tipo de empresas que vinieran a instalarse. Aquí se abrió indiscriminadamente a todo el que quisiera venirse. Con el señuelo de mano de obra barata, vinieron grandes empresas a establecerse y Juárez se convirtió en un polo de atracción para mano de obra barata de todo el país. Pronto llegaron camiones repletos de gente en busca de trabajo, y se hacinaban en pequeños cuartos improvisados. El puesto más solicitado era el de operadora y la mujer entró a trabajar en la maquila. Pronto el derecho de pernada tomó algunas variantes interesantes.

Juárez obtuvo el deshonroso primer lugar en madres solteras y después en embarazos de niñas.

No se hizo infraestructura social para el desarrollo integral de los trabajadores, por el contrario, los emborrachadores del pueblo desplegaron redes de tienditas para vender cerveza y bares-prostíbulos para quedarse con el salario de los trabajadores, quienes desarraigados de su pueblo, estaban dispuestos a todo.

Con apoyo oficial, los bares se transformaron en *"table dance"*, ofreciendo mejores sueldos para las jovencitas juarenses que pronto caían en la prostitución y frecuentemente en la drogadicción.

En éste esquema, se hicieron grandes fortunas por parte de quienes transformaron sus terrenos rurales en terrenos industriales, los constructores de naves, los zares de la cerveza y la droga. Todo era fiesta, al tiempo que los niños abandonados crecían solos en el barrio, en un abandono funcional absoluto, mientras tanto, su madre trabajaba y se divertía, algunos con padre ausente, la gran mayoría sin siquiera conocerlo.

Los barrios se nutrieron de pornografía, sexo, cerveza, música barata, droga, pandillerismo, y los niños crecieron en la calle alimentándose de todo ésto, agravado por el abuso de mayores, sin una figura paterna, sin una autoridad que les enseñara lo que es el bien y el mal, sin una mano correctora. Ahora aquí los tenemos en las calles, dispuestos a matar a quien sea por unos cuantos pesos.

Pero los medios no se atreven a hablar del tema, y la mayor parte de la gente se contenta con decir que la ciudad no tiene remedio, que la federación los abandonó y en cuanto pueden abandonan la ciudad. Pero, ¿como revertir esta tragedia? ¿Quién se atreverá a atacar el problema de raíz? ¿Habrá alguien que se les enfrente a los emborrachadores, a los pornógrafos o a los picaderos?

Vamos a imaginar que alguien levanta la voz y dice: ¡Quiten la pornografía de la TV!

La turba le gritará de inmediato, ¡Mocho!, ¡Retrógrado!, ¡Meón de agua bendita!

O que alguien diga: ¡Guardería obligatoria para todo hijo de madre trabajadora!

Y la respuesta consabida: ¿Estás loco? ¿De donde se van a sacar tantas guarderías?

Imagínese que alguien diga: "Ley seca los días de paga, para que algo llegue al hogar".

No terminaría de hablar cuando ya le estallarían en los oídos palabras como: ¡Represor!

O que le parece que alguien propusiera una ley anti-vagancia y metieran al bote a los padres de los niños abandonados y se obligara a los escuincles a estudiar o trabajar.

¡Hitler! ¡Mussolini! ¿Qué mas le podríamos gritar a alguien que tuviera esa ocurrencia?

Ya ni plantear que se cerraran por un tiempo los *table-dance*, los picaderos o los prostíbulos.

¿Saben? Creo que lo mejor será culpar de todo a Calderón y llevar las cosas calmadas, claro mientras no nos toque una bala perdida, o un chamaco drogado nos meta un balazo para quitarnos el carro, o los extorsionadores nos quemen el negocio, o...o...o...o...o...

Somos un pueblo que no resuelve sus problemas, que se niega a convertir información en conocimiento y conocimiento en solución, *"semos mexas, pues'n"*.

Un nuevo concepto de solidaridad en Juárez

Ayer asistí a la inauguración de una guardería muy bonita y elegante, con una ludoteca con guitarras, mesa de jockey, pin-pon, una biblioteca con pantalla gigante para ver películas y documentales. Con pc's para niños con Internet inalámbrica, un arenero y unos juegos muy bonitos al aire libre.

Pero tiene algunas características muy interesantes.

La idea y realización es de una panista y el principal apoyador es un priista y el inspirador un curita.

La guardería esta en una zona pobre dentro de una escuela oficial, y será auto sustentable, o sea, en vez de pago, las madres donarán un día de salario para el mantenimiento de la guardería.

Las madres de los niños de esta escuela, podrán ahora ir tranquilas a sus trabajos, mientras sus hijos son cuidados por especialistas y en un ambiente sano de juego, diversión y estudio.

En las pasadas elecciones me tocó entrevistar a Clara Torres a quien le daban una gran posibilidad de ser la primer alcaldesa de Juárez. En aquella entrevista, le pregunté:

-Clara, ¿para que quieres ser Alcaldesa?

-Para trabajar por la niñez de Juárez- me contestó enfática y abundó sobre sus planes para apoyar a la niñez juarense.

Aunque tenía más posibilidades dentro de los precandidatos panistas, perdió la elección interna de su partido y el PRI ganó la elección.

Reyes Ferriz, presidente municipal priista, invita a Clara Torres a ser la directora de guarderías del municipio. Un puesto de segundo o tercer nivel, y la lógica del poder diría que alguien que ha sido diputada, y ha tenido puestos altos a nivel nacional, con muchas ocupaciones en la iniciativa privada, entre ellas la de ser campeona nacional de salto, difícilmente aceptaría y menos en un gobierno dirigido por el partido contrario; a menos de que su deseo de apoyar a la niñez fuera superior a todo el glamour político y así fue. Ayer se le veía feliz con los niños, y en su discurso destacaba que a pesar de tener ideologías diferentes y pertenecer a diferentes partidos se podía trabajar en las coincidencias por el bien de la ciudad.

Clara amenaza con estar construyendo una guardería por mes, ahí donde mas se necesita, y anda tocando puertas para conseguir los fondos necesarios para el año entrante, porque para este año ya los tiene.

Vaya pues, un caso raro en nuestra política .

El regreso

Desde noviembre se aprecia un incremento en la asistencia a restaurantes y bares. Los viernes y sábados es difícil conseguir una mesa. Las compañías inmobiliarias reportan el regreso de autoexiliados y sin duda son buenas noticias.

Pero ya sabe usted como es la memoria, a veces aguafiestas, y me trae el recuerdo de los gritos desesperados y dolientes de la esposa de un amigo, que sobre el ataúd del esposo asesinado en un secuestro, decía: "Pero si ya nos habíamos ido, ¿por qué regresamos?

Juárez necesita de su gente y sobre todo, aunque les de diarrea a los izquierdosos, Juárez necesita de sus empresarios. No tanto de los emborrachadores y de los político-empresarios, sino de esos hombres que día a día le suministran los productos y servicios a la sociedad.

En este círculo virtuoso de generación de riqueza dan empleo y apoyo a miles de personas que llegaron a estas tierras en busca de trabajo o de refugio al ser expulsadas de los Estados Unidos.

Atraídos por el auge de la plata, llegaron de Europa y de otras partes del mundo, empresarios al sur de Chihuahua y generaron una economía floreciente , veo en el libro, "El Parral de mis Recuerdos" fotografías de bares y restaurantes de lujo con enormes anaqueles de vinos europeos, parroquianos en traje sastre y sombrero de bombín.

Narraciones de la vida diaria de aquella sociedad donde abundaba el trabajo, la diversión y la cultura. Plazas de toros, mercados, teatros, fábricas, palacios, haciendas, ranchos y sobre todo, sus minas.

Narra que en una ocasión llegó el obispo a visitar la ciudad y como se acostumbraba, se hacia un desfile en su honor. Al ver pasar a la gente, el obispo se volteó a ver al cura y reclamándole le dijo que él quería ver a la gente del pueblo no a los emperifollados.

El cura le contestó: "Mire señor Obispo, aquel que va vestido de *frac*, es carpintero, el de junto que trae levita es agricultor y el de mas allá es el carnicero, lo que sucede es que aquí en Parral a nadie le gusta vestir mal". Sin duda el curita y la gente se estaban luciendo, pero era claro que había una derrama importante de dinero.

Pero si la plata atraía a los emprendedores de todo el mundo también atraía a los maleantes, y a menudo los ranchos y los negocios eran asaltados por bandas, la más temible por su violencia, la de Pancho Villa.

Al inicio del genocidio de 1910, también conocido como Revolución Mexicana, ésta banda fue contratada por Hearst, el magnate de los periódicos estadounidenses, para pelear contra el gobierno de México, lo envolvieron en el manto de redentor y le dieron permiso para matar.

Celia Herrera, testigo presencial, nos narra en su libro "Villa Ante la Historia" la forma de como Villa asesinaba, secuestraba, violaba a las mujeres y saqueaba los negocios. Había caído sobre Parral el quinto jinete del apocalipsis, como lo describiera otro autor.

Los empresarios y comerciantes que no fueron asesinados huyeron a los Estados Unidos o a Europa. El Paso, Tx., es testigo de aquella enorme emigración, muy similar a la que estamos viviendo.

102

Al término de la revolución la región estaba literalmente destrozada , las fábricas convertidas en cuarteles, los ranchos y haciendas destruidos, las minas abandonadas y los comercios vacíos.

Se inició el regreso y tímidamente los comercios volvieron a abrir y las tierras se empezaron a sembrar de nuevo, lo mismo algunas minas que abrieron sus puertas, despertaba Parral.

Villa regresó derrotado, con más odio en su corazón que nunca y los tomó desprevenidos. La matanza de emprendedores fué terrible y el pueblo nuevamente murió. Lleva ya casi 100 años de aquello, y no es ni la sombra de lo que fué.

Esto debe ser una lección para Juárez, no es la guerrita de Calderón la que generó estos niños sicarios. Fué el modelito de desarrollo que adoptamos, mandamos a las mujeres a trabajar, las inducimos al alcohol, las drogas y el sexo promiscuo y ahora nos preguntamos ¿por qué abandonaron a sus hijos al barrio?

Regresan también las maquiladoras de China y al ocupar a los desempleados, sin duda regresarán al esquema de mandar camiones al sur para traer mano de obra barata y se les hacinará en cuartitos, continuará la construcción de tiendas en la esquina de la cuadra donde tengan a la mano las cervezas.

Los burdeles o *tables* serán los primeros en reabrirse, regresarán los "clubs" donde los narcos presuman a sus mujeres elegantemente vestidas, sus joyas y sus comionetotas; se volverán a abrir negocios "decentes" con dinero del narco. Todo a la normalidad, *"no problem, bato"*.

Hay filósofos que dicen que la sangre derramada en las calles purifica una sociedad, a mi me gustaría decirles que eso puede ser cierto si existe una reflexión de los verdaderos orígenes y una enmienda de los errores, pero en este caso no veo la reflexión y mucho menos la enmienda.

Nuestros sabios del pueblo lo resumen en una sola frase "Juè la guerrita de Calderón"

¿Somos felices en Juárez?

Aparece un grupo de entusiastas en Facebook bajo el nombre de: "Somos Felices en Juárez". Comparten buenas "vibras", alegría y buenas vivencias, al leerlo me vino a la mente cuando hace 10 años llegué de la Ciudad de México y me preguntaban ¿qué hacía en Juárez? Mi respuesta era ser feliz.

¿Qué me hacía feliz en Juárez? Después de ver el cielo gris del D.F., el azul de éste cielo me parecía espléndido, pero nada comparado con los atardeceres, donde el cielo parece arder en un cuadro de Van Gogh. O el cielo nocturno, donde las estrellas se ven tan cerca y la luna brilla en forma maravillosa.

Pero sobre todo el salir por las noches a tomar el "fresco" con los vecinos y escuchar anécdotas e historias cotidianas. Era la remembranza de cuando niño, en mi querido Parral, nos sentábamos en el piso formando un círculo para platicar cuentos y aventuras, hasta que el "pito" de La Prieta sonaba anunciando que eran las diez de la noche y las mamás salían al unísono a gritarnos que no metiéramos.

Disfrutaba el saludo de gente desconocida cuando nos cruzábamos por la calle, la fluidez de sus avenidas, los sábados con la carne asada y una cerveza y la plática amable de los amigos.

Diez años después no puedo contestar lo mismo, quisiera unirme a este grupo de Facebook y decir que somos felices, pero cómo puedo decir que soy feliz al recordar el rostro de mi amigo Carlos sonriendo, se sobrepone la imagen de su cara deforme por los golpes; cuando lo encontramos muerto después de su secuestro. Cómo puedo decir que soy feliz cuando recuerdo los relatos dolorosos de mis amigos privados de la libertad por bestias humanoides. Cómo poder decir que se es feliz cuando la tranquilidad se ha ido y algo tan sencillo como contestar un teléfono te pone en guardia porque puedes escuchar una voz que te amenaza. Cómo poder decir ser feliz cuando ves como se destruyen los ahorros de toda una vida con el negocio cerrado.

Pero a pesar de todo, estas personas que buscan la felicidad en Juárez son acreedoras a la mas grande de las felicitaciones por su actitud, por su heroísmo y por su temple; lo mismo esos empresarios que jugándose la vida siguen abriendo el changarro, la tienda, la fábrica, el taller, proporcionando los servicios que la gente demanda y pagando los salarios que le permite vivir a sus trabajadores, sin importarles el riesgo que corren.

Es cierto que hay una lucha de bandas de narcotraficantes en nuestra ciudad, pero no todos los delitos son cometidos por estas bandas, hicimos realidad nuestras pesadillas, cumplimos la promesa fallida de redención de los pobres, tanto les prometimos, tanto los glorificamos, que se cansaron de esperar y hoy toman lo que les dijimos que era de ellos.

He platicado con delincuentes, les he preguntado sus razones, he leído resúmenes de encuestas hechas a presos y no hay mucha diferencia entre sus motivos y los discursos de izquierda, "ahora nos toca", "para que se les quite", "la minoría rapaz", "ellos tienen todo, nosotros nada".

La demagogia de la redención de los pobres que le daba el poder absoluto a la clase política revolucionaria, hoy es la motivación de delincuentes que quieren todos los satisfactores que la vida les puede dar, sin pasar por el trámite pesado de trabajar.

Salarios sagrados, utilidades perversas, pobres buenos, ricos malos, dogmas malditos que los políticos ladrones sembraron en la sociedad y que hoy cobran víctimas, pobreza y desesperación.

Somos lo que dijimos que íbamos ser. ¿Por qué se asustan? Ahora digamos que vamos a ser felices y quizás algún día cuando nos pegunten como estamos en Juárez podamos decir con una sonrisa: ¡FELICES!

Epílogo

Hoy pareciera que todo vuelve a ser normal en Juárez, después del triunfo del PRI en las elecciones federales los asesinatos han disminuido drásticamente y la gente regresa de nuevo. Las calles semidesérticas ahora lucen con intenso tráfico, la industria turística, forma elegante de llamarle a los restaurantes, bares, *"tables"* y prostíbulos apoyados fuertemente por recursos públicos abren de nuevo sus puertas.

Se anuncia la llegada de 10 plantas maquiladoras más y después de varios años aparecen de nuevo las lonas en las maquilas solicitando trabajadores.

Los comercios se atreven a reabrir, los abusos de políticos locales y policía, se esconden de los medios bajo la capa de billetes públicos. *"Aquí no ha pasado nada "tamos" bien".*

Es cierto que la lucha por los caminos de trasiego y mercado de las drogas incendió el pueblo, pero también es cierto que encontró yesca en una sociedad hedonista y carente de valores universales.

Los estudiosos del tema opinan que mas del 90% de los delincuentes vienen de familias disfuncionales, donde el común denominador es el padre irresponsable que abandona la fruta verde después de haberla mordido.

De la madre que tiene que trabajar o prostituirse para sobrevivir y mantener a sus críos; del niño abandonado a merced de los instintos de los familiares o vecinos.

Parece que toda esa sangre derramada no nos deja ninguna lección, los merolicos oficiales culpan de todo a Calderón y ahora que se va, regresa el paraíso.

En pocas décadas pasamos de ser una sociedad piadosa a una sociedad depravada. Un adolescente me dió en una sola frase la fotografía de Juárez: *"no hay fijón bato, es la modernidá, no seas espantado"*.

Los narcocorridos siguen "ambientando" las carnes asadas en los patios de las barriadas y no es descabellada la idea que en un futuro tengamos con letras de oro, en el congreso, el nombre de algún sicario famoso como ocurrió con Villa.

Los niños seguirán viendo con admiración a los jóvenes con camioneta del año, acompañados de hermosas mujeres, su AK-47, su botella de whiskey y sus polvitos, por lo que la respuesta más común, en este sector, a la pregunta de ¿qué quieres ser de grande? Será SICARIO.

www.ingramcontent.com/pod-product-compliance
Lightning Source LLC
Chambersburg PA
CBHW052035270326
41931CB00012B/2498